일러두기

1. 이 책은 정약전이 문순득의 여정을 듣고 기록한 『표해시말』을 바탕으로 창작되었으나, 상세한 내용은 작가의 상상으로 꾸민 역사 동화입니다.
2. 등장인물 이름과 나라 이름, 외국어 표기는 『표해시말』에 기록된 것을 참고하여 사용했습니다.

조선 최초로 세계 문화를 경험하다

홍어 장수 문순득 표류기

이퐁 글 ★ 김윤정 그림 ★ 최성환(국립목포대학교 교수) 감수·추천

꽉 잡아

책속물고기

글쓴이의 말

문순득이 우리에게 가르쳐 준 것

  조선 시대 사람들은 다른 나라를 자유롭게 여행하기 힘들었어요. 세찬 파도에 떠밀려 표류했을 때에야 겨우 낯선 세상을 접할 수 있었지요. 운 좋게 살아남아 무사히 돌아온다 해도 표류하며 겪은 일을 널리 알리는 건 쉽지 않았어요. 글을 쓸 줄 아는 양반이나 관리가 아니라면 아무리 진기한 경험을 했다 해도 기록으로 남길 수 없었거든요.

  1801년, 작은 배 한 척을 타고 바다로 나갔다가 오키나와와 필리핀, 마카오까지 다녀온 홍어 장수가 있다는 이야기를 처음 듣고 깜짝 놀랐어요. 그의 이야기를 받아 적은 사람이 실학자 정약전이라는 사실에 한 번 더 놀랐지요.

  무엇보다 눈여겨보게 된 것은 새로운 세상을 대하는 문순득의 태도였어요. 문순득은 여러 나라에 머무는 동안 낯선 문화와 풍습을 편견 없이 받아들였어요. 다른 나라 사람들의 언어를 배

우고, 마주앉아 밥을 먹고 대화도 나눴지요. 문순득의 눈과 귀와 머리는 보고 듣는 모든 것들을 기억하기 위해 바삐 움직였어요. 마침내 집으로 돌아온 문순득이 품고 온 이야기보따리는 조선 실학자들을 놀라게 할 만큼 엄청나고 대단했지요.

문순득에 관한 여러 기록을 살피던 저에게 김옥문이라는 소년이 말을 걸어왔어요. 처음 심부름꾼으로 배에 오를 때만 해도 그렇게 오랫동안 조선 밖 세상을 떠돌 줄은 꿈에도 몰랐다나요? 눈곱만큼이라도 좋으니 자기 이야기도 꼭 한 자락 넣어 달라고 신신당부를 하지 뭐예요. 표류하며 풋풋한 소년에서 의젓한 청년으로 자라난 옥문이에게 걱정 말라고 큰소리쳤지요.

이제 우리는 마음만 먹으면 자유롭게 바다를 건너 어디든 갈 수 있어요. 다른 나라에서 우리나라로 와 새로운 터전을 마련해 살아가는 사람들도 많지요. 우리와 다른 문화, 사고방식을 가진 사람들을 이해하고 그런 사람들과 소통하려면 끊임없이 노력해야 해요. 무엇보다 중요한 건 마음을 활짝 여는 일이지요. 바로 문순득이 그랬던 것처럼 말이에요.

이풍

> 추천하는 글

폐쇄적이었던 조선 사회에서
세계 문화와 소통한 문순득

문순득(1777~1847)은 조선 후기에 현 전라남도 신안군 우이도에 살던 홍어 장수였습니다. 1801년 12월 홍어를 사기 위해 출항한 뒤 표류하여 3년 2개월 만인 1805년 1월 8일 무사 귀환하였습니다. 그 과정에서 오키나와, 필리핀, 마카오, 중국 등에서 다양한 세계 문화를 체험했습니다. 표류 지역 중 필리핀은 당시 에스파냐의 식민지였고, 마카오는 포르투갈 사람들이 거주하는 국제 항구였습니다.

반면 조선에서는 서양 문물을 들여오거나 천주교를 믿는 것 등이 금지되어 있었습니다. 그런 시대적 상황에서 문순득은 천주교 성당에도 가 보고, 국제 무역선을 타고 항해하는 등 새로운 문화를 체험했습니다. 문순득이 고향에 돌아왔을 때 정약전이라는 학자가 유배 와 있었습니다. 정약전은 문순득의 표류 경험을 듣고 그 내용을 체계적으로 정리하여 『표해시말(漂海始

末)』을 남겼습니다. 또한 문순득에게 '천초(天初)'라는 별칭을 지어 주었습니다. 이는 '조선인 가운데 이런 경험을 한 최초의 인물'이라는 의미를 담고 있습니다.

그동안 『로빈슨 크루소』나 『15소년 표류기』 같은 외국의 표류인 이야기는 널리 읽혔습니다. 그런데 가상의 모험 이야기에 못지않은 흥미진진한 역사 인물이 우리 선조 가운데 있다는 사실은 별로 관심받지 못했습니다. 그러한 상황에서 문순득 표류기가 동화로 나온다는 것은 정말 반가운 소식이며, 어린이들의 역사 교육 자료로도 매우 중요한 가치가 있다고 생각됩니다.

문순득의 표류 이야기는 '섬'이 세계와 연결되는 소통의 공간이라는 점을 보여 주며, 해양 문화에 대한 관심이 국가적으로 매우 중요하다는 사실을 역사적으로 증명해 주고 있습니다. 고난을 이겨 내고 세계 문화를 수용하는 문순득 이야기는 우리 선조들의 유연하면서도 강인한 삶의 정신을 보여 줍니다.

어린이들이 이 책을 통해 바다에 대한 무한한 상상력을 펼치고 세계 문화에 대한 견문을 넓히는 계기가 되기를 바랍니다.

최성환(국립목포대학교 교수)

- 글쓴이의 말 4
- 추천하는 글 6

1장 우이도에서 이름난 홍어 장수 문순득 ... 10

조선 방방곡곡 소식지 <제1호>

실학자 정약전은 왜 우이도에 왔을까?
.... 22

2장 뜻밖에 조선 밖 세상으로 ... 24

조선 방방곡곡 소식지 <제2호>

조선시대 표류 기록을 찾아서
.... 38

3장 유구국의 말과 문화를 배우다 ... 40

조선 방방곡곡 소식지 <제3호>

류큐 왕국 언어가 훗날 우리나라에서 발견되다!
.... 62

4장 서양 문화를 처음 만나다 ... 64

조선 방방곡곡 소식지 <제4호>

옛 필리핀, 여송국에 왜 천주교 성당이 있었을까?
.... 80

 **5장** 여송에서
단둘이 살아남기 ··· 82

조선 방방곡곡 소식지 〈제5호〉

여자와 남자가 평등한
다른 나라의 문화
······· 98

 **6장** 세계 무역
도시에 가다 ··· 100

조선 방방곡곡 소식지 〈제6호〉

실학자 정약용, 장사꾼 문순득의
경험담에 귀를 기울이다
―『경세유표』
······· 112

 **7장** '천초'라는 이름을
가지다 ··· 114

조선 방방곡곡 소식지 〈제7호〉

『조선왕조실록』에
최초의 필리핀 통역사로
기록된 문순득
······· 128

 **뒷이야기** 세상을 향해 열린 창
··· 130

조선 방방곡곡 소식지 〈제8호〉

실학자 이강회, 장사꾼 문순득의
경험담에 귀를 기울이다
―『유암총서』
······· 138

1장

우이도에서 이름난
홍어 장수 문순득

우이도에서 작은 배에 짐을 싣고
태사도에 들어갔다.
같이 배에 탄 사람은
나의 작은아버지 문호겸, 나 문순득,
이백근, 박무청, 이중원, 김옥문으로
홍어를 사기 위해서이다.

-『표해시말』 중에서

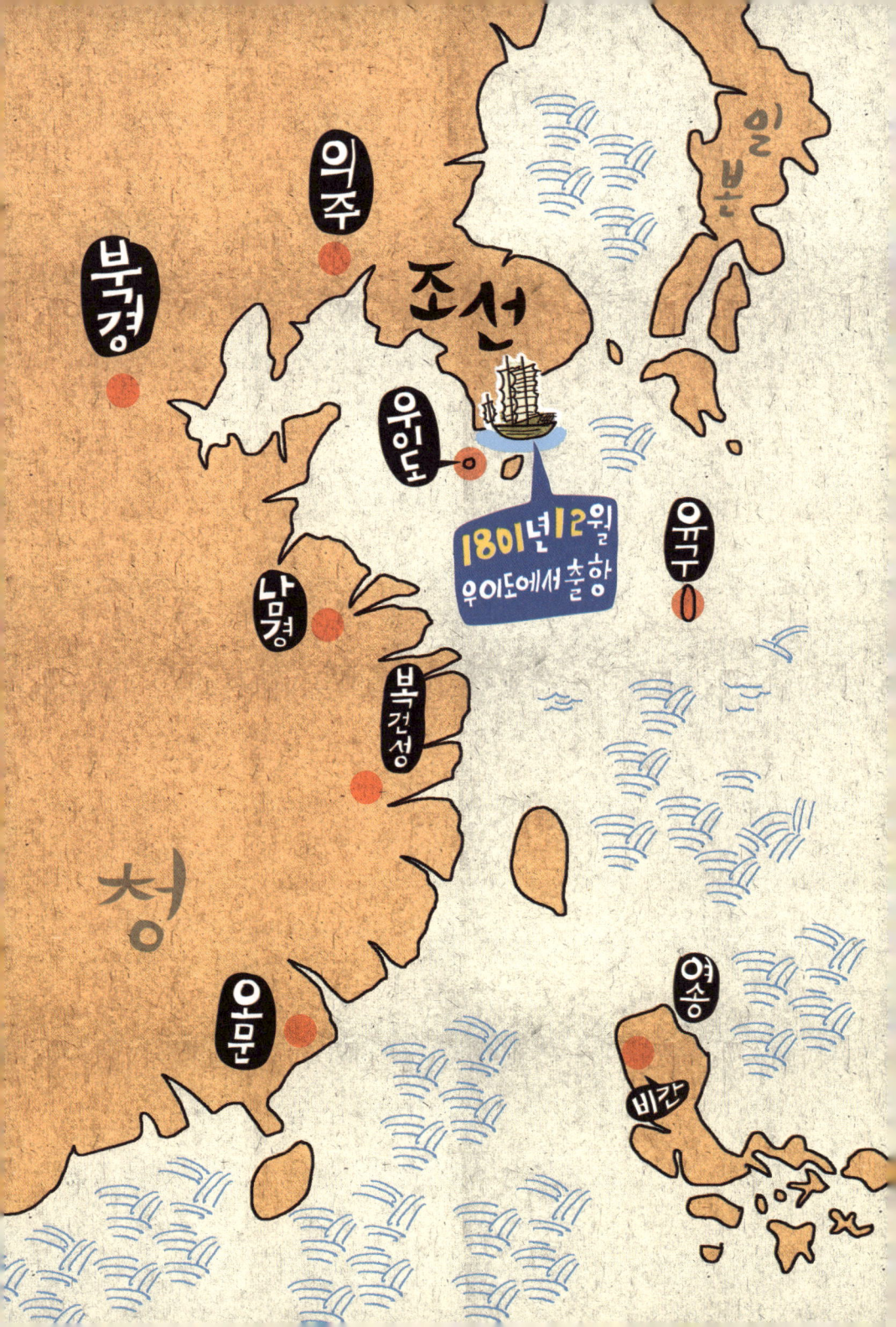

"난 몰라! 하필이면 오늘 같은 날, 늦잠을 자다니!"

옥문이는 제 머리를 콕 쥐어박았어요. 동트기 전에 포구로 가야 하는데 벌써 창밖이 부옇게 빛나고 있었거든요.

헐레벌떡 일어나 옷을 꿰어 입은 옥문이가 방문을 나서자마자 우뚝 멈추어 섭니다. 정성껏 기도를 올리는 어머니를 보았기 때문입니다. 부뚜막에는 깨끗한 물 한 대접이 놓여 있었지요.

"어머니."

옥문이가 나지막이 부르자 어머니가 돌아보며 환하게 웃습니다.

"따뜻하게 잘 챙겨 입었니? 조심히 다녀오너라."

어머니는 애써 태연한 척 말했지만 목소리가 가느다랗게 떨리는 것을 옥문이는 느꼈어요. 불안과 걱정이 마치 두 마리 뱀처럼 똬리를 틀고 있는 것만 같았지요. 지난밤에 옥문이가 제대로 잠을 이루지 못한 것도 바로 그 때문이었어요.

'걱정 마세요, 어머니. 꼭 무사히 다녀올게요.'

속으로는 몇 번이고 되풀이되는 말이 차마 입 밖으로 나오지 않았습니다.

"다녀올게요."

옥문이는 겨우 그 말 한 마디를 툭 던지고는 도망치듯 밖으로 나왔습니다. 포구로 달음박질치는 길에서야 겨우 칼바람을 맞으며 소리쳤지요.

"아버지는 바다에서 돌아가셨지만 난 안 그럴 거라고요! 제발 걱정 좀 그만하세요. 섬에서 태어나 자랐는데 뱃일 말고 다른 일을 하라니 그게 말이 돼요? 나도 순득 아재처럼 배를 부리는 선주가 될 거예요! 어서 빨리 돈을 모아서 어머니 호강시켜 드릴 거라고요!"

속에 있는 말을 몽땅 내뱉고 나니 조금은 후련해졌습니다.

그동안 옥문이는 어머니가 걱정하실까 봐 헤엄 한 번 제대로 쳐 본 적 없습니다. 허나 일렁이는 바다만 보면 가슴이 뛰어 견딜 수가 없었지요.

옥문이는 마을에서 이름난 홍어 장수인 문순득이 겨울 대목에 심부름꾼을 맡아 줄 아이를 구한다는 이야기를 듣고는 더 이상 참을 수 없었어요. 며칠 동안 밥까지 굶어 가며 기어코 어머니한테 승낙을 받아 냈지요.

우이도 동쪽에 자리한 진리 포구에는 사람들이 빼곡히 모여 있었습니다. 바삐 오가며 짐을 나르는 일꾼들도 보였지요.

"옥문이 너, 이제 오면 어째? 냉큼 안 튀어 오냐?"

이중원이 옥문이를 보자마자 눈을 부릅떴습니다. 이중원은 옥문이 외가 쪽 먼 친척입니다. 옥문이가 심부름꾼으로 일할 수 있도록 다리를 놓아 주었지요.

이중원이 말은 좀 험하게 해도 마음만은 누구보다 따뜻하다는 것을 옥문이는 잘 알고 있었어요.

"가요, 가!"

옥문이가 생긋 웃으며 달려가자 이중원은 어이가 없는지 너털웃음을 지었습니다.

"요 녀석. 꼴찌로 와 놓고 뭐가 이리 당당해? 꾸물거릴 시간 없다. 거기 있는 짐부터 배에다 실어라."

"예! 시켜만 주셔요!"

옥문이는 목청이 떨어져라 씩씩하게 답하고 바삐 움직이기 시작했어요.

배 앞에는 짐이 한가득 쌓여 있었습니다. 뱃길을 가는 동안 먹을 식량과 태사도에서 홍어와 맞바꿀 옷감, 곡식 같은 것들이었지요.

옥문이는 짐을 실어 나르면서도 틈만 나면 고개를 돌려 문순득을 바라보았습니다. 늠름한 문순득 얼굴을 보면 그제야 배를 타게 되었다는 사실이 실감 났기 때문입니다.

문순득은 식구들과 작별 인사를 나누고 있었어요.

"날 좀 풀리고 따뜻해질 때 홍어를 사러 가면 얼마나 좋아요? 꼭 이렇게 춥고 바람도 거센 날 배를 타야 하다니……."

문순득 아내가 서운함을 못 이기고 눈물을 글썽였습니다. 문순득이 얼른 아내 어깨를 토닥였지요.

"여보, 울지 말아요. 홍어 장수가 계절을 가릴 수야 있겠어요? 모름지기 홍어는 딱 요맘때 잡아야 알이 꽉 차고 육질도 좋아 제값을 받을 수 있답니다. 눈 깜짝할 사이에 다녀올 테니 걱정 말고 잘 지내고 있어요. 이번에 나주 장에 가면 고운 비녀도 꼭 사오리다."

문순득 아내는 애써 울음을 참으며 고개를 끄덕였어요.

"순득아, 배서낭 님을 잘 모셔야 하느니라. 또 어떤 상황에서든 배 주인인 선주로서 책임을 다하거라."

옆에 서 있던 문순득 어머니가 의연한 말투로 단단히 일렀습니다.

"예, 어머니. 다녀오겠습니다. 작은아버지가 함께 가시니 더욱 든든합니다."

문순득 집안사람들이 대부분 섬에 살면서 배를 타는 장사꾼이다 보니 사고도 많고 일도 많았습니다. 바다 위에서 벌어지는 일들은 사람이 마음먹은 대로 극복할 수 있는 것이 아니었지요.

이제 배가 포구를 떠나고 나면 문순득 어머니와 아내는 하루도 빠짐없이 배서낭에게 기도를 올릴 것입니다. 배서낭은 먼바다로 나가는 섬사람들이 무사히 고향으로 돌아올 수 있도록 지켜 주는 신이거든요.

"손암 나리! 날도 추운데 예까지 웬일이셔요?"

문순득이 저만치에서 걸어오는 한 선비를 보고 달려가 맞이했습니다.

"자네가 출항한다기에 인사라도 하러 나왔네."

손암 나리라고 불린 선비는 바로 정약전이었습니다. 다산 정약용의 둘째 형이자 『자산어보』를 쓴 실학자이지요.

정약전은 흑산도로 유배를 가라는 형벌을 받고 당시 소흑산도라 불리던 우이도에 와 있었습니다. 지난달, 정약전이 우이도에 도착했을 때 살 집은 물론 온갖 살림살이까지 알뜰히 챙겨 준 사람이 바로 문순득이었지요.

"아직 바닷바람이 익숙지 않으실 텐데, 고뿔이라도 걸리시면 큰일입니다."

"나는 괜찮네. 만나자마자 이별이라고, 새해에나 볼 수 있게 된다니 참으로 아쉬우이."

"이렇게 훌쩍 떠나게 되어 송구할 따름입니다. 지내시는 데 불편한 점은 없으시지요?"

"자네 덕분에 마음도 몸도 편안하게 잘 지내고 있다네. 아무쪼록 몸 건강히 다녀오게나."

"예, 필요한 것이 있으시면 언제든지 저희 집 사람들한테 말쓱하서요. 손암 나리를 잘 보살펴 드리라고 단단히 얘기해 두었습니다."

"알겠네. 고마우이."

그때 배에서 문순득 작은아버지인 문호겸이 큰 소리로 외쳤습니다.

"순득아! 선주가 출항 준비는 안 하고 뭐가 그리 바쁘냐!"

문호겸이 익살스럽게 소리치는 바람에 포구가 한바탕 웃음바다가 되었지요.

"다녀오겠습니다, 손암 나리."

문순득이 고개를 숙이자 정약전이 어서 가 보라는 듯 손을 내저었습니다.

선주 문순득이 올라타자 배 위에서는 출항에 앞서 꼭 거쳐야 하는 절차가 시작되었지요.

"천지신명이시여, 배서낭 님이시여! 먼 길 나가는 우리 배와 뱃사람들 모두 평안히 지켜 주십시오."

간절하게 기도를 올린 문순득이 선실 벽에 알록달록한 빛깔을 가진 주머니를 걸었습니다. 배서낭을 모신 주머니였지요.

다른 사람들도 공손하게 기도를 올렸습니다. 선주 문순득과 작은아버지 문호겸, 뱃사람 박무청, 이백근, 이중원, 심부름꾼 김옥문, 이렇게 여섯 명이 오늘부터 운명을 함께할 사람들이었습니다.

　배서낭 주머니를 걸고 난 다음에는 배 뒷부분에 오색 깃발도 걸었지요. 마지막으로 이곳저곳을 살피며 구멍 난 곳은 없는지, 망가진 기구는 없는지도 살폈습니다.
"출항!"
　모든 준비가 끝나자 키잡이 박무청이 크게 소리쳤습니다.
　이백근이 부두에 묶어 놓았던 밧줄을 풀었습니다. 곧바로 이중원이 노를 부두에 대고 힘차게 밀었습니다.
"이영차!"
　슬그머니 배가 움직이기 시작했어요.
"다녀오겠습니다! 헌 해 말고 새해에 만나십시다!"
　문순득이 크게 소리치자 포구에 나와 있던 사람들이 다 같이 손을 흔들었습니다.

주변을 두리번거리던 옥문이는 사람들 사이에서 어머니를 발견했어요.

"다녀올게요, 어머니!"

옥문이가 손을 흔들자 옷고름으로 눈물을 찍던 옥문이 어머니도 손을 들었습니다.

포구를 벗어난 배는 바람을 맞아 쭉쭉 앞으로 나아가기 시작했어요. 우두커니 서 있던 정약전도 눈시울을 붉혔지요.

'저 바다만 건너면 아우도 만나고, 가족도 만날 수 있을 텐데. 마음대로 갈 수 없는 내 신세가 참으로 처량하구나. 아우야, 유배지 강진에서 잘 지내고 있느냐? 부인, 잘 지내시오? 학초야, 아비 없이 자라느라 힘들지는 않느냐?'

정약전은 문득 유배 오던 길에 나주 율정점 주막에서 아우 정약용과 함께 술잔을 기울이던 일을 떠올렸습니다. 정약용은 형님과 이별해야 하는 것이 서럽다며 시를 지어 들려주었지요.

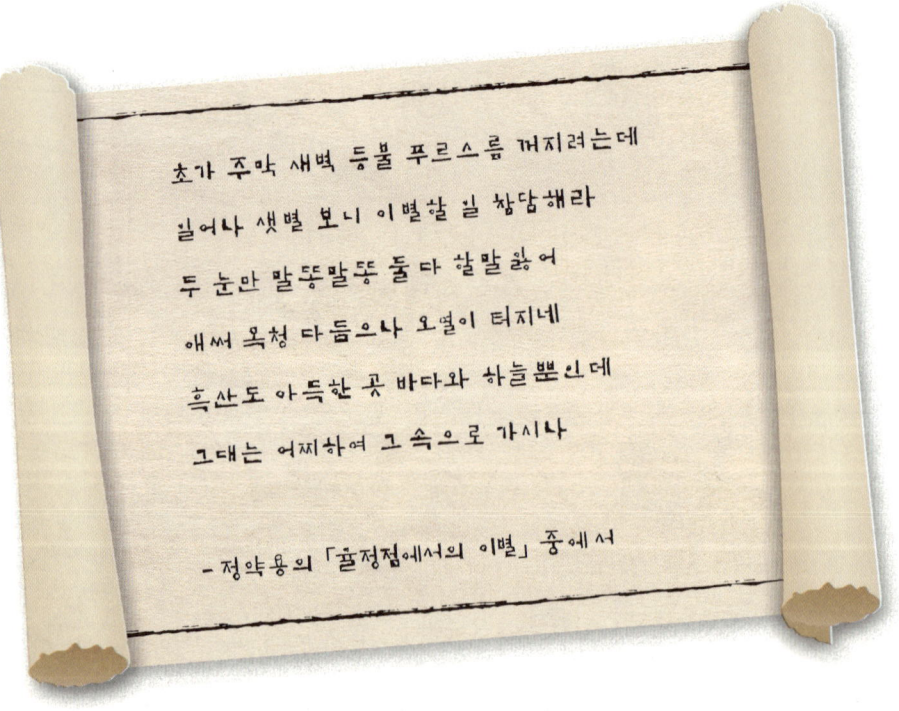

초가 주막 새벽 등불 푸르스름 꺼지려는데
일어나 샛별 보니 이별할 일 참담해라
두 눈만 말똥말똥 둘 다 할말 잃어
애써 목청 다듬으나 오열이 터지네
흑산도 아득한 곳 바다와 하늘뿐인데
그대는 어찌하여 그 속으로 가시나

- 정약용의 「율정점에서의 이별」 중에서

정약전은 바다를 하염없이 바라보며 한참을 서 있었습니다. 문순득과 다섯 사람이 올라탄 배는 어느새 감쪽같이 사라진 지 오래였지요.

조선 방방곡곡 소식지

실학자 정약전은
왜 우이도에 왔을까?

정조가 세상을 떠나자 한양에 피바람이 불다

　정조가 세상을 떠나고 아들 순조가 임금이 되었다. 그러나 열 살이었던 순조 대신 증조할머니인 정순왕후가 조정을 다스렸다. 정순왕후는 정조와 사이가 좋지 않았던 벽파 세력과 함께 정조가 아꼈던 사람들을 멀리 유배 보내거나 끔찍하게 처형했다. 천주학을 접했거나 천주교를 믿었다는 것이 이유였다. 신유년, 1801년에 벌어진 사건이어서 '신유박해'라고 불렸다.

정약전·정약용 형제의 운명은?

정조가 유난히 아꼈던 실학자 정약전과 정약용 두 형제도 신유박해를 피해 갈 수 없었다. 천주학을 공부했다는 까닭으로 정약전은 흑산도로, 정약용은 강진으로 유배를 가게 되었다.

정약전은 배를 타고 흑산도로 향했고 당시 소흑산도라 불렸던 우이도에 머물렀다. 정약전은 그때 문순득을 만나 인연을 맺었다.

조선 으뜸 '바다 생물 백과사전'을 펴내다

『자산어보』는 우리나라 역사상 가장 뛰어난 바다 생물 백과사전이다. 정약전은 유배지였던 흑산도 바다에 사는 다양한 동식물을 체계적으로 분류하고, 형태와 생태, 습성을 세세하게 관찰하고 연구했을 뿐만 아니라 잡는 법과 먹는 법도 기록했다.

『자산어보』 속 홍어 맛보기
"나주와 가까운 고을 사람들은 삭힌 홍어를 즐겨 먹는다."

2장

뜻밖에 조선 밖 세상으로

다시 소흑산(우이도)을 향하여
변도에 이르러 갑자기 서북에서 일어난
큰 바람을 만나서 바람에 몰리게 되어……

-『표해시말』 중에서

홍어를 사기 위해 태사도에 온 지도 벌써 열흘이 넘었습니다. 문순득과 다섯 사람은 태사도에서 밝아 오는 새해를 맞이했습니다.

"어르신! 새해 복 많이 받으셔요!"

옥문이가 넙죽 엎드려 큰절을 올렸어요.

"오냐, 옥문이도 올 한 해 건강하고 무탈하게 자라거라."

문호겸이 덕담을 건네자 이어서 문순득이 무명으로 만든 주머니 하나를 불쑥 내밀었지요.

"옜다, 세뱃돈이다."

"돈이요? 참말요?"

입이 귀에 걸린 옥문이는 얼른 주머니를 열어 보았어요. 주머니 안에는 엽전 한 닢이 들어 있었지요.

"그 주머니가 화수분이다. 앞으로 삯을 받을 때마다 그 주머니에 넣어 두면 꺼내도 꺼내도 줄지 않는 요술 주머니가 될 게야."

"네? 참말로요?"

옥문이는 깜짝 놀라 엽전을 넣었다 뺐다 하며 주머니를 연거푸 들여다보았습니다. 그 모습이 하도 우스꽝스러워 모두들 키득거렸지요.

그날 밤 옥문이는 이불을 덮고 누워 마음속으로 어머니에게 새해 인사를 드렸습니다.

'어머니, 잘 지내고 계셔요? 저는 밥도 잘 먹고 잠도 잘 자고 일도 열심히 하면서 집에 돌아갈 날만 손꼽아 기다리고 있어요.'

옥문이는 우이도를 떠나던 날 포구에 서 있던 어머니를 떠올리며 눈물을 글썽였습니다. 이제 며칠만 지나면 태사도를 떠날 것이라 했습니다. 나주 장에서 홍어를 모두 팔고 쌀과 옷감을 사면 고향으로 돌아가게 될 것입니다.

'품삯을 받으면 나주 장에서 기침에 좋은 약도 꼭 사 가지고 갈게요. 조금만 기다리셔요, 어머니.'

옥문이는 엽전이 든 주머니를 손에 꼭 쥔 채로 잠이 들었습니다.

다음 날에도, 그다음 날에도 문순득은 작은아버지 문호겸과 함께 태사도 곳곳을 다니며 질 좋고 싱싱한 홍어를 샀습니다. 심부름꾼 옥문이도 늘 데리고 다녔지요.

"올해 홍어가 유독 물이 좋구나. 나주 장에 가져가면 꽤 큰

값에 팔리겠어."

문호겸이 흐뭇한 미소를 지었습니다. 그러더니 평소에 늘 가지고 다니는 곰방대를 꺼내 불을 붙였지요.

"참으로 다행입니다, 작은아버지. 물론 신고 가는 동안 잘 삭혀야 더 좋은 값을 받게 될 테지요."

나주까지 가려면 열흘에서 열이틀 정도가 걸리는데 그동안 홍어는 딱 알맞게 삭아 육지 사람들이 즐겨 먹는 맛으로 변할 것입니다. 섬에서는 갓 잡은 홍어를 회로 먹거나 끓여 먹지만 육지에서는 삭힌 홍어를 제일로 쳤습니다. 코가 찡할 정도로 퀴퀴한 냄새가 날 때까지 삭혀 푹 익은 김치인 묵은지에 싸서 먹는다고 합니다.

"어디 보자. 어부 심 씨네 홍어 쉰다섯 짝, 어부 이 씨네 홍어 마흔여덟 짝……."

문순득이 늘 가지고 다니는 종이에 가느다란 붓으로 태사도에서 산 홍어 양을 적어 넣었습니다. 옥문이 눈이 휘둥그레졌지요.

"순득 아재! 문자도 쓸 줄 아셔요? 아재는 대체 못 하시는 게 뭐래요?"

문순득은 머쓱해하며 머리를 긁적였어요.

"문자는 무슨. 그저 내 식대로 끄적이는 게지."

제대로 글을 배운 적은 없지만 문순득은 나름대로 방법을 정해 중요한 것을 기록하고는 했습니다. 무엇이든 열심히 해 보려는 성격이 우이도에서 이름난 홍어 장수가 된 비결인지도 모릅니다.

"참, 순득아. 출항하던 날 포구에서 보니 손암 나리하고 꽤 가까워 보이더구나. 어찌된 일이냐?"

문호겸이 갑자기 생각났다며 물었습니다.

"워낙 학식이 깊고 배울 점이 많으신 나리라 그저 몇 가지 여쭈었을 뿐입니다."

"그동안 우리 집안에서 유배 온 선비들을 대접해 오기는 했으나 적당히 거리 두는 것을 잊지 않았느니라. 듣자 하니 손암 나리는 천주학을 믿어서 유배를 왔다더구나. 우이도가 아무리 외딴 섬이라 해도 천주학을 믿는 선비를 가까이했다간 자칫 화를 입을 수 있으니 조심해야 한다."

"예, 작은아버지."

문순득이 고개를 끄덕였습니다.

"장사꾼은 장사를 잘하면 되는 게다. 바다에서는 그저 겸손하게 배서낭 님께 기도를 올리고 뱃길을 다니면 되는 것이고. 그저 그것이 우리 같은 미천한 사람들 운명인 게지."

문호겸은 먼바다를 바라보며 곰방대를 입에 물었습니다. 길게 숨을 내쉬자 연기가 바람을 타고 바다로 향했습니다.

똑똑.

출항을 앞둔 전날 밤, 누군가 문순득과 일행이 묵고 있는 곳을 찾아와 문을 두드렸습니다.

"문 선주 있는가?"

문을 열어 보니 태사도 어부 심 씨와 이 씨가 서 있었습니다.

"예, 어쩐 일이십니까?"

"걱정이 되어 찾아왔네."

심 씨와 이 씨는 자리에 앉자마자 다그치듯 물었습니다.

"문 선주, 정말 그대로 출항할 셈인가? 바람이 영 심상치 않네. 북풍이 심하게 불고 있어 나주까지 가는 길이 순탄치 않을 걸세."

"날마다 바다에 나가는 우리도 이런 날에는 배를 꼭 묶어 두고 포구 근처에 얼씬도 않는다네."

어부들 말에 모두 시름에 잠겼습니다.

"어찌해야 할까요?"

문순득이 작은아버지 문호겸과 뱃사람들에게 의견을 물었지요.

"지금 부는 바람 정도야 키만 잘 잡으면 어떻게든 감당이 될 것 같으나, 바람이 어찌 변할지 장담할 수는 없지요."

항해 경험이 많은 박무청이 말했습니다.

"태사도에서 나주까지는 뱃길로 삼백구십 리에 이르네. 이

대로 며칠을 지체한다면 홍어 질이 떨어져 제값을 못 받을 수도 있을 걸세."

문호겸 말에도 일리가 있었습니다.

"바람이 잔잔해지길 기다렸다가 배를 띄우는 편이 낫지 않겠습니까?"

이백근이 조심스럽게 묻자 이중원이 답답하다는 듯 따져 물었지요.

"며칠 지체한다고 바람이 잦아든다는 보장이 있습니까? 괜히 지체했다가 홍어도 제값에 못 팔고 날씨가 더 안 좋아지면 누가 책임진대요?"

"자네는 무슨 말을 그렇게 하나? 누군들 하루 바삐 출항하고 싶지 않겠어?"

이백근이 발끈하자 분위기가 자못 험악해졌습니다.

"가만, 가만. 우리끼리 다툴 문제는 아니지 않나?"

문호겸이 호통을 치자 모두 입을 다물었지요.

"순득아, 네가 선주이니 결단을 내려라. 우리는 네 결정에 따르마."

그 말에 모두가 문순득을 바라보았습니다. 나이는 스물다섯을 먹었을 뿐이지만 배를 책임지는 선주로서 맡은 일을 다해야 했습니다. 잠자코 생각에 잠겨 있던 문순득이 마침내 입을 열었지요.

"더 머무른다고 해서 상황이 좋아지리라는 보장이 없습니다. 예정대로 출항하도록 하지요."

문순득 말에 모두가 고개를 끄덕였습니다. 옥문이는 겁이 나서 온몸이 바들바들 떨렸지만 어쩔 수 없었습니다. 태사도를 떠나지 않으면 집에도 돌아갈 수 없을 테니까요.

다음 날, 문순득과 다섯 사람은 세찬 바람을 뚫고 포구를 떠났습니다.

"부디 몸조심하게!"

태사도 어부들이 나와 배웅을 해 주었지요. 잔뜩 흐린 하늘 때문인지 날이 밝았는데도 주변은 어둑했습니다. 홍어를 가득 실은 배는 출렁이는 파도에 몸을 맡긴 채 위태롭게 나아가기 시작했습니다.

쏴아아아아! 쏴아아아아!

한 치 앞도 보이지 않는 어둠 속에서 성난 파도가 휘몰아쳤습니다. 배 여기저기가 부서지고 온갖 집기가 나뒹굴어 어지럽기 짝이 없었습니다. 출항할 때 매달았던 오색 깃발은 너덜너덜 찢어져 넝마가 된 지 오래였지요.

우지끈!

뭔가 부서지는 소리가 나는가 싶더니 다급한 외침이 들렸습니다.

"키가 부러졌다!"

단단한 참나무로 만든 키가 부러질 정도로 심한 태풍을 만난 것이었습니다. 문순득과 이중원은 돛대에 묶인 밧줄을 풀려고 기를 썼습니다. 부러진 키 대신 돛대를 배 뒷부분에 묶어 방향을 조절하기 위해서였습니다.

"옥문아! 이리로 좀 와 보거라."

문순득이 다급하게 소리쳤습니다.

"예, 가요!"

옥문이는 좌우로 심하게 요동치는 갑판 위를 기듯이 나아갔습니다. 그 순간 집채만 한 파도가 우르르 몰려와 뱃전을 후려쳤지요. 안간힘을 다해 버티는 어른들과 달리 옥문이는 붕 떴다가 내던져지듯 부딪치고 말았습니다. 발목이 욱신거려 눈물이 쏙 나왔지만 포기하지 않고 돛대로 갔지요. 옥문이가 힘을 보탠 덕분인지 겨우 돛대를 뽑아 배 뒷부분에 묶을 수 있었습니다.

"여기가 어디쯤인지 알겠소?"

겨우 바람이 잦아들어서 한숨 돌린 문순득이 물었습니다. 박무청이 그림자 방향과 주변을 번갈아 살피더니 고개를 끄덕였지요.

"동남쪽에 보이는 저 커다란 산이 제주인 듯합니다."

"제주라 하면, 족히 수백 리는 떠내려온 것일세. 이 배로 제

주까지 갈 수 있겠소?"

"바람만 잘 불어 준다면 갈 수 있을 겁니다."

어찌된 일인지 다시 거세진 바람은 자꾸만 배를 멀리 밀어 냈습니다. 눈앞에 제주를 두고도 가까이 다가갈 수 없으니 애가 탈 노릇이었지요.

"제주 쪽으로 좀 더 가까이 갈 수 없겠소?"

문순득이 물었지만 박무청은 힘없이 고개를 저었습니다.

"이 판국에 배가 뒤집어지지 않는 것만으로도 기적입니다."

그러자 문호겸이 털썩 무릎을 꿇고 기도를 올리기 시작했습니다.

"천지신명이시여, 배서낭 님이시여! 그저 목숨만은 살려 주십시오. 그것밖에는 바라는 게 없습니다."

하나둘 무릎을 꿇고 한마음으로 기도를 올렸습니다. 만일 그 때 옥문이가 소리치지 않았다면 어떻게 되었을지 모릅니다. 부서진 갑판 틈으로 물이 새는 것을 용케 발견한 것입니다.

"큰일 났어요! 물이 막 들어와요!"

모두 벌떡 일어나 바가지며 널빤지를 가져와 물을 퍼냈습니다. 옷가지와 지푸라기로 틈새를 막았지만 안심할 수 없었습니다. 어느새 날은 저물고 다시 한 치 앞도 보이지 않는 어둠이 배를 둘러쌌지요.

"이제 제주는 보이지도 않습니다. 작은아버지, 이럴 땐 어떻게 해야 하나요?"

문순득은 막막한 마음에 한숨을 쉬며 물었습니다. 문호겸이 문순득 한쪽 어깨를 힘주어 잡으며 말했지요.

"순득아, 너는 충분히 잘하고 있다."

파도는 겨우 잦아들었지만 배는 바람에 떠밀려 자꾸만 남쪽으로 향했습니다. 물을 퍼내느라 기운이 쏙 빠진 여섯 사람은 갑판에 쓰러져 그대로 잠이 들었습니다.

조선 방방곡곡 소식지

조선시대
표류 기록을
찾아서

"이렇게 생생할 수가!"
중국도 놀란 중국 견문록, 최부의 『표해록』

표류인	최부	신분	제주 관리
표류 경위서	1488년 아버지가 돌아가셨다는 소식을 듣고 제주에서 고향 나주로 가던 길에 표류. 명나라에 도착해서 대운하를 따라 북경으로, 북경에서 조선으로 돌아옴.		
표류 기간	다섯 달		
표류 기록 추천평	명나라의 지리, 언어, 문화뿐만 아니라 농업에 쓸모가 있는 수차의 원리까지 세세하게 기록되어 있음.		

"어디까지 가 봤니?"
낯선 나라에 다녀온 김대황의 『표해일록』

표류인	김대황	신분	제주 관리
표류 경위서	1687년 나라에 바칠 말 세 필을 배에 싣고 가다가 표류. 안남국(베트남)에 도착. 안남국은 한자를 사용했기에 글로 대화 나눔. 청나라 상인을 따라 조선으로 돌아옴.			
표류 기간	열다섯 달			
표류 기록 추천평	당시 잘 알려지지 않은 안남국에 대해 기록되어 있음.			

"끝까지 살아남아야 한다!"
표류 모험 일기, 장한철의 『표해록』

표류인	장한철	신분	선비
표류 경위서	1770년 과거 시험을 보러 제주에서 한양으로 가던 중에 표류. 유구국의 무인도인 호산도에 갔다가 안남국 배에 구조. 몇 번 더 표류한 끝에 가까스로 조선에 돌아옴.			
표류 기간	네 달			
표류 기록 추천평	바닷길이 잘 기록된 해양 지리서이며, 다양한 설화가 수록되어 있음.			

3장

유구국의 말과 문화를 배우다

날이 밝아 동남에 있는 큰 섬을 보고
오시에 배를 멈추고 닻을 버리니
갑자기 6~7인이 배를 타고 오는 것이 보였다.
먼저 물을 대접하고 이어서 죽을 주었다.
삼일을 먹지 못했으니 그 기쁨을 알만 하리라.
물으니 '유구국'이라 하였다.

-『표해시말』 중에서

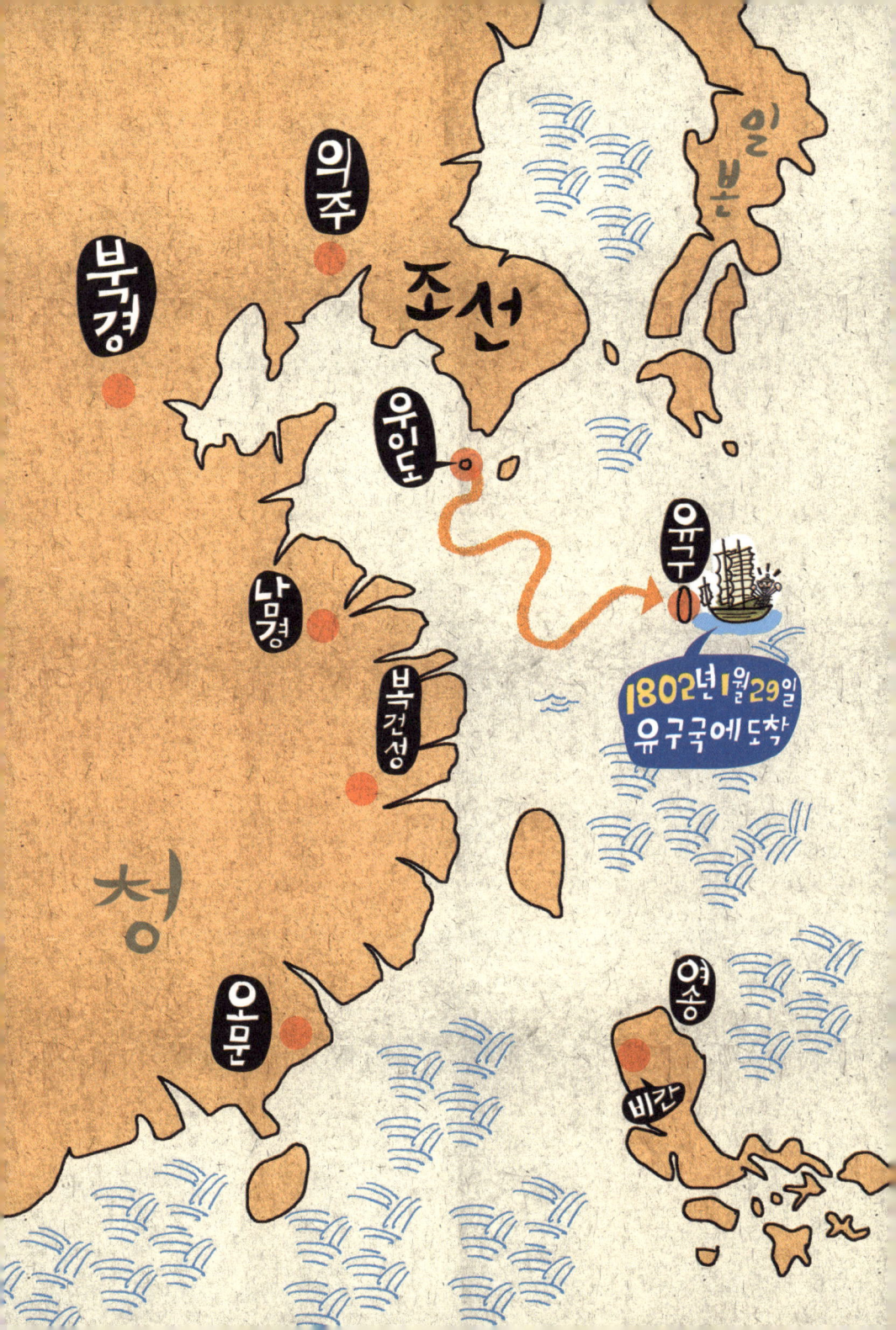

"섬이다! 섬이 보인다!"

이중원이 허겁지겁 손을 내저으며 소리쳤습니다. 까무룩 잠들어 있던 사람들이 남은 기운을 끌어 모아 몸을 일으켰습니다. 동남쪽에 거무스름한 섬이 모습을 드러냈습니다.

여기저기 부서지고 망가진 배를 타고 망망대해를 떠돈 지 열흘하고도 하루가 지났습니다. 그동안 여섯 사람은 사방 어디를 둘러봐도 끝없는 바다가 펼쳐진 나날을 보냈습니다. 사흘 전부터는 식량이 똑 떨어져 아무것도 먹지도 마시지도 못했지요.

때마침 바람이 알맞게 불어 바닷가에 다가갈 수 있었습니다. 산호초가 군데군데 나 있고, 잎사귀가 넓은 나무들이 저만치 줄지어 서 있는 것이 보였지요. 한겨울 바람이 어째 훈훈하다고 느낄 때쯤 별안간 작은 배가 다가왔습니다. 배에는 옷차림이 낯선 사내들이 타고 있었습니다.

"간쥬야? 간쥬야?"

뜻을 알 수 없는 외국 말에 모두들 겁에 질려 서로 얼굴만 바라보았습니다. 사내들은 바로 코앞까지 와서 닻을 내리더니 뭔가를 건네며 소리쳤습니다.

"미즈! 미즈!"

무슨 말인지 알아듣지 못하고 모두들 눈만 끔벅거렸지요. 그때 문순득이 고개를 갸웃거리며 조심스레 말뜻을 헤아려 보았습니다.

"혹시 마실 것을 주겠다는 말이 아닐까요?"

가만 보니 낯선 사내들이 들고 있는 것은 물을 담는 주전자처럼 보였습니다. 문순득이 짐작한 바가 맞았습니다. 유구 사람들이 처음에 건넨 말 '간쥬야?'는 '평안한가?'라는 뜻이고, '미즈'는 '물'이라는 뜻이었지요.

문순득이 살금살금 다가가 물을 건네받았습니다. 찰랑거리는 물소리에 모두들 침을 꼴깍 삼켰지요. 여섯 사람이 앞다투어 물 마시는 것을 보더니 사내들은 기다렸다는 듯 다른 그릇을 내밀었습니다. 따끈한 죽이 든 그릇이었지요. 무엇으로 만든 죽인지는 몰라도 기가 막히게 맛났습니다. 허기진 배를 채우고 나니 창백하던 얼굴에 생기가 돌았지요.

낯선 사내들은 빙그레 웃더니 자기들이 탄 배를 손짓했습니다.

"우리 보고 저 배에 옮겨 타라는 게지요?"

문순득이 어깨를 한 번 으쓱하며 일행에게 손짓했습니다. 하기는 타고 온 배가 형편없이 부서져 버렸으니 다른 방법이 있을 리도 없었습니다. 여섯 사람은 모두 그 배로 옮겨 탔지요.

"아무래도 우리가 유구국에 온 것 같습니다."

배 안에서 문순득이 속삭이듯 말했습니다. 모두 눈이 휘둥그레져 비명을 지를 뻔했습니다.

"유구국? 그게 정말이냐?"

문호겸이 입술을 덜덜 떨었습니다.

"일본보다 더 남쪽으로 가면 유구국이라는 나라가 있다고 들었습니다. 차림새와 언어를 대강 헤아려 보니 예전에 들었던 유구국 특색과 맞아떨어집니다."

과연 문순득 말이 맞았습니다. 우이도에서 출발한 배는 너른 바다를 건너 유구국까지 떠내려온 것입니다. 유구국은 오늘날 일본 남부에 있는 오키나와현과 가고시마현에 위치했던 왕국입니다.

유구 사람들은 문순득 일행을 양관촌이라는 마을로 데려갔습니다. 관리처럼 보이는 사람이 나타나 작은 움막을 가리키며 먹고 자는 시늉을 했지요. 이제는 말이 통하지 않아도 그곳에서 지내라는 뜻이라는 것을 척척 이해할 수 있었습니다.

또 유구 사람들은 보송보송한 새 옷과 먹음직스러운 음식까지 가져다주었습니다. 아주 오랜만에 개운하게 씻고 배불리 먹은 여섯 사람은 나란히 잠자리에 누웠습니다. 그제야 우이도 고향 마을이 떠오르고 가족들이 그리워져 도통 잠이 오지 않았습니다.

"참말로, 내가 옥문이만 할 때부터 배를 탔는데 이런 일은 처음 겪어 보네요."

이중원이 움막 천장을 올려다보며 중얼거렸습니다.

"누가 아니래? 좀 전까지 바다에서 죽을 날만 기다리고 있었는데 말이야."

이백근이 맞장구를 쳤지요.

"홍어 장사만 수십 년을 했는데도 난생처음 이런 일을 겪는구먼. 유구국까지 떠내려올 줄은 꿈에도 생각 못 했지 뭔가."

문호겸이 혀를 끌끌 찼습니다.

"앞으로 집에 돌아갈 일이 걱정입니다. 배가 심하게 망가져 수리하기는 힘들 테지요."

문순득이 긴 한숨을 내쉬자 옥문이는 여태 꾹 참고 있던 눈물을 주르르 흘렸습니다.

"순득 아재, 그럼 우리 여기서 계속 살아야 해요? 우리 어머니는 평생 못 만나는 거예요?"

"뭐라고? 누가 그러더냐?"

문순득이 화들짝 놀라며 물었습니다.

"방금 순득 아재가 그랬잖아요? 배가 다 망가져 집에 돌아가기 힘들 거라고요."

"힘들기야 하겠지. 그렇다고 집에 못 가겠느냐?"

"예?"

옥문이뿐 아니라 다른 사람들도 문순득 대답에 귀를 기울였습니다.

"우리가 누굽니까? 우이도 뱃사람들 아닙니까? 집에 있는 날보다 바다에 나가 있는 날이 더 많은 사람들 아니냐고요. 요번에는 좀 멀리 장사하러 왔다 치고 얼마가 걸리든 집으로 가기만 하면 되는 게지요. 이 문 선주만 믿으셔요!"

"허허허! 그래, 그러마."

"예, 문 선주만 믿겠습니다!"

좁은 방이 금세 웃음으로 가득 찼습니다. 옥문이도 그제야 조금 마음이 놓이는지 배시시 웃었지요.

다음 날 아침, 밖에 나가 보니 여덟 명이나 되는 관원들이 움막을 빙 둘러 지키고 있었습니다. 그곳에서 한 달이 조금 넘게 머무는 동안 양관촌 관원들은 문순득 일행 근처에 유구 사람들이 얼씬도 하지 못하도록 철저하게 감시했지요. 그렇다고 문순득 일행을 함부로 대하지는 않았습니다. 오히려 먹을 것은 모자라지 않는지, 불편한 것은 없는지 세세하게 살펴 신경 써 주었거든요. 아무래도 조선에서 온 문순득 일행에게 뭔가 숨겨야 하는 비밀이 있는 것만 같았습니다. 허나 말이 통하지 않으니 알아낼 방법은 없었지요.

3월 중순이 지나자 유구 사람들은 문순득 일행을 배에 태워 다른 곳으로 데리고 갔습니다.

"순득아, 유구국은 일본보다도 남쪽에 있는 나라라고 하지 않았더냐? 헌데 어째서 자꾸만 더 남쪽으로만 간단 말이냐? 대체 우리를 어디로 데려가는 게냐?"

문호겸이 다그쳐 물었지만 문순득도 답을 모르기는 마찬가지였습니다. 마침내 문순득 일행이 도착한 곳은 백촌이라는 마을이었습니다.

"안녕하십니까. 유구국에 오신 것을 환영합니다."

누군가 유창한 조선말로 인사를 건넸습니다. 그동안 답답했던 마음이 사라지는 순간이었지요. 문순득이 깜짝 놀라 유구 옷을 입은 사람에게 물었습니다.

"참말로 반갑습니다. 나리는 누구신데 조선말을 어찌 그리 잘하십니까?"

"통역을 맡고 있는 역인입니다. 오랜만에 조선말을 할 수 있게 되어 저도 무척 기쁘네요. 먼 곳까지 오시느라 고생 많으셨습니다."

말이 통하는 이를 만나자마자 문순득은 그동안 가장 궁금했던 것을 물었습니다.

"저희는 전라도 우이도라는 섬에서 왔습니다. 유구 사람들이 우리를 이곳까지 데려온 까닭이 대체 무엇입니까?"

"영문도 알지 못한 채 옮겨 다니셨으니 궁금하실 만도 합니다. 이곳 백촌은 유구국 왕궁과 매우 가깝고, 여러 나라를 오가는 상선이 드나드는 항구가 있습니다. 유구국에 표류해 온 사람은 누구든 이곳에 머물며 자기 나라로 돌아가는 절차를 밟게 되어 있지요."

역인은 문순득 일행이 조선과 유구국 사이에 맺어진 협약에 따라 대국, 즉 청나라를 거쳐 고향으로 돌아가게 될 것이라고 알려 주었습니다. 또 역인은 관원들이 듣고 있지 않은지 주위를 살핀 뒤 소리를 낮춰 속삭이듯 덧붙였지요.

"사실 유구국은 일본 사쓰마 번한테 지배를 받게 된 지 오래입니다. 허나 대국에서는 아직 그 사실을 모르고 있습니다. 대국으로 가는 조공선을 통해 얻는 이익이 워낙 크다 보니 철저히 비밀에 부치고 있는 것입니다. 양관촌에 표류했을 때부터 지금까지 관원들이 감시했던 것은 바로 그 때문입니다. 대국으로 간 표류민들이 혹여나 유구국 상황을 입 밖에 꺼낼까 염려한 것이지요. 나중에 대국에 가시더라도 이 사실은 절대로 아무한테도 말해서는 안 됩니다."

그제야 유구 사람들이 문순득 일행을 철저하게 감시해 온 까닭을 알 수 있었습니다. 게다가 엄청난 사실이 하나 더 있었지요. 알고 보니 조선말 통역을 맡은 역인 이 씨가 임진왜란 때 일본에 끌려온 도공의 후손이라는 것입니다.

"지금 저희 집안은 유구국에서 도자기 만드는 일을 하고 있습니다. 제게 조선은 할아버지 나라이자 제 뿌리입니다. 이곳에 살고 있지만 단 한 순간도 조선을 잊은 적이 없습니다."

"이역만리에서 조선 사람을 만나게 될 줄은 정말 몰랐습니다!"

문순득이 감격하여 외쳤습니다. 나이도 엇비슷한 데다 통하는 것도 많아서 문순득과 역인 이 씨는 금세 가까워져 둘도 없는 친구가 되었습니다.

어느덧 백촌에 머문 지도 여러 달이 지났습니다.

"옥문아, 식량을 받아 왔느냐?"

수염이 덥수룩한 문순득이 부엌에서 고개를 내밀었습니다.

오늘은 문순득이 아침 식사 준비를 맡은 날입니다. 관원들이 머무는 곳에 다녀온 옥문이가 꾸러미 여러 개를 들고 부엌으로 들어왔습니다.

"네, 오늘은 고기까지 얹어 주더라고요."

"허허, 그것참 반가운 소식이구나."

문순득은 콧노래를 부르며 아궁이에 걸린 커다란 솥에다 고기를 볶았습니다. 유구국 부엌은 조선과 크게 다르지 않았기에 빨리 적응할 수 있었지요.

날씨가 후덥지근해 마당에 놓인 평상에서 다 같이 밥을 먹었습니다.

"오늘은 고기까지 주었습니까? 아이고, 신나라. 이게 웬 호사랍니까?"

이중원이 춤추듯 젓가락질을 하며 너스레를 떨었습니다.

"자네 말이 맞네. 우리가 우이도에서 언제 한 번 이렇게 꼬박꼬박 밥에 고기까지 챙겨 먹었던가? 이러다가 조선보다 유구가 낫다는 말도 나오겠어."

덩달아 신이 난 이백근이 어깨를 들썩거렸지요. 날씨가 더워 아침나절부터 땀이 났지만 누구 하나 불평하는 이가 없었습니다. 문순득이 문득 생각났다는 듯 물었습니다.

"오늘은 역인 이 씨와 함께 류카를 보러 가기로 했습니다. 다들 같이 가실 거지요?"

류카는 유구국에서 오래전부터 전해 내려오는 춤과 노래 공연입니다. 문순득은 유구국 문화와 풍습을 속속들이 알고 싶어 했습니다. 그래서 새로운 것을 접할 기회가 생기면 절대로 놓치지 않았지요.

"날도 더운데 어딜 그리 바삐 다니느냐? 우리가 외출하면 관원들도 바빠지니 달가워하지 않을 것이야. 나는 그늘에 누워 신선놀음이나 하련다."

작은아버지 문호겸 말에 실망한 문순득이 다른 사람들에게 기대 섞인 눈빛을 보냈습니다. 이중원과 이백근, 박무청이 꽤나 난처해하며 머리를 긁적였지요.

"저희는 종일 부채랑 삿갓을 만들어 보려고 구파나무 잎을 잔뜩 구해다 놓았습니다. 어디 다녀올 여유라곤 눈 씻고 찾아 봐도 없으니 이걸 어쩐대요?"

어깨가 축 처진 문순득을 보고 마지못해 옥문이가 손을 들었습니다.

"제가 같이 갈게요."

"옥문아, 그러겠느냐?"

문순득 얼굴이 다시 환해졌지요. 잠시 뒤 역인 이 씨가 찾아와 관원들과 한참 이야기를 나누었습니다. 류카를 보고 돌아올 때까지 역인 이 씨가 감시 역할도 함께 맡는 것으로 합의를 보았지요. 모처럼 자유롭게 외출할 수 있게 되어 문순득과 옥문이는 날아갈 듯 기뻐했습니다.

"큐우 누우 후쿠라샤아아아."

무릎 위에 가야금처럼 생긴 악기를 얹은 남자들이 노래를 불렀습니다. 얼굴을 하얗게 칠하고 화려한 빛깔에 치렁치렁한 옷을 입은 여인들이 노래에 맞춰 느릿느릿 춤을 추었지요.

"하암."

거북이처럼 느린 노랫가락을 듣고 있으니 옥문이는 하품이 절로 나왔습니다. 옆에 앉은 문순득은 뭐가 그렇게 신기한지 노래 부르는 사람과 춤추는 사람들을 번갈아 쳐다보며 고개를 끄덕였지요. 나란히 앉은 역인 이 씨에게 뭔가를 묻고 대답을 듣기도 했습니다.

'아무튼 참 신기한 아재라니까.'

옥문이는 지금이라도 몰래 밖으로 빠져나가 마음대로 돌아다니고 싶었습니다. 하지만 그렇게 했다간 역인 이 씨가 난처해질 수도 있었기에 꾹 참았지요. 드디어 지루했던 류카가 끝나고 밖으로 나왔습니다.

"옥문아, 참으로 재미나지 않았느냐?"

문순득 말에 옥문이는 퉁명스레 입술을 내밀었습니다.

"저는 졸려서 죽을 뻔했는걸요."

"녀석, 좋은 구경 시켜 준다고 데려왔더니 겨우 그뿐이냐?"

역인 이 씨가 빙그레 웃었습니다.

"나야말로 자네가 신기하기 그지없네."

"내가 신기하다고?"

문순득은 영 까닭을 모르겠다는 듯 고개를 갸웃했지요.

"자네는 이제 나 없이도 의사소통이 가능할 만큼 유구 말에 능통해지지 않았는가? 어디 그뿐인가. 유구 풍습이며 문화에도 해박해졌지. 그토록 호기심 많고 외국인들에게 스스럼없이 대하는 사람은 처음 봤다네."

"그렇죠, 역인 아저씨? 제가 봐도 순득 아재는 참으로 별나다니까요?"

옥문이는 자기 마음과 똑같은 말을 하는 역인 이 씨를 보며 고개를 주억거렸습니다.

"그게 그리 특별한 일인가? 나야 그저 궁금하기도 하고 신기하기도 해서 하나라도 더 보고 들으려고 한 것뿐이지."

문순득이 머쓱해진 얼굴로 머리를 긁적였습니다.

"어! 시장이다! 우리 저기 들렀다 가면 안 돼요?"

졸음이 싹 달아난 얼굴로 옥문이가 물었습니다. 문순득이 역인 이 씨를 돌아보았지요. 어디를 가든 역인 이 씨가 허락해야 하기 때문입니다.

"좋네. 들렀다 가지."

"참말요?"

옥문이가 신이 나서 방방 뛰었습니다. 옥문이 못지않게 시장을 좋아하는 문순득도 기쁨을 감추지 못했지요.

시장에 들어서자 왁자지껄한 소리에 세 사람 귀가 먹먹해졌습니다. 갖가지 과일과 채소, 고기와 생선이 좌판마다 가득 놓여 있었습니다. 시장에서 파는 것들 중에 문순득 눈길을 사로잡은 것은 따로 있었습니다.

"여보게, 이 씨. 내가 유구에서 나는 먹을거리 중에서 가장 부러운 것이 무엇인 줄 아나?"

"글쎄, 무엇인가?"

"바로 저것이라네."

문순득이 가리킨 것은 수북하게 쌓여 있는 불그스름한 열매들이었습니다.

"감저 말인가? 어디에서나 자라는 흔한 열매가 어찌 그리 부러운가?"

"감저는 참으로 대단한 식물이네. 싹이 난 부분을 잘라 묻으면 금세 무성한 뿌리열매가 다닥다닥 붙어 열리니 어찌 대단하지 않은가? 먹을 것이 없어 고생하는 조선 사람들에게 감저를 심을 수 있게 해 준다면 굶어 죽는 백성도 줄어들 것이네."

"듣고 보니 그렇군."

역인 이 씨가 고개를 끄덕였습니다.

사실 문순득이 부러워했던 '감저'는 우리가 고구마라고 부르는 식물입니다. 그 당시 조선에도 고구마가 들어와 있기는 했지만 경상도 지역에서만 조금 심었을 뿐 잘 알려져 있지 않았지요.

"아니, 저건 또 무엇인가?"

시장 구경을 마치고 움막으로 돌아오는 길이었습니다. 저만치 기다란 행렬이 지나가는 것이 보였습니다. 승려 하나가 방울을 들고 앞장서 가고, 뒤따라 걸으며 흐느끼는 사람들은 흰 천으로 가려져 있었습니다.

"누가 돌아가신 모양이군. 저건 유구국 장례 행렬이라네."

역인 이 씨가 알려 주었습니다.

"유구에서는 장례를 어떻게 치르는지 좀 보고 싶은데 어떻게 안 되겠나?"

"뭐라?"

문순득이 하도 간절하게 부탁하는 바람에 역인 이 씨는 고민에 빠졌습니다. 결국 이 씨는 장례를 치르는 사람들한테 사정을 설명하며 허락을 구했습니다. 그 덕분에 문순득과 옥문이는 가족이나 친지가 아닌데도 유구국 장례를 바로 옆에서 볼 수 있게 되었지요.

유구에서는 가족이 함께 안치될 수 있도록 가족묘를 미리 만들어 놓고, 돌로 만든 석실 안에 시신을 넣은 나무 관을 두는 방식으로 장례를 치렀습니다. 잠자코 장례를 지켜보던 옥문이가 북받쳐 오르는 설움을 참지 못하고 흐느꼈습니다.

"아니, 옥문아! 왜 그러느냐?"

그 바람에 역인 이 씨와 문순득이 한꺼번에 놀랐지요.

"바다에서 돌아가셔서 장례도 제대로 못 치러 드린 우리 아버지가 생각나서요. 돌아가신 아버지 대신 제가 어머니를 지켜 드려야 하는데 이런 곳에 와 있으니 어쩐대요."

옥문이 말에 문순득과 역인 이 씨 마음도 미어지는 듯했습니다.

"그래. 조금만 기다리면 집으로 돌아갈 수 있을 게다. 그때까지 힘들어도 견뎌 보자꾸나."

문순득은 옥문이 어깨를 토닥여 주었습니다.

며칠 뒤, 날이 밝자마자 역인 이 씨가 찾아와 반가운 소식을 전했습니다.
"대국으로 가는 배가 사흘 안에 출항한다고 합니다!"
움막 안에서 환호성이 터져 나왔습니다. 여섯 사람 모두 덩실덩실 어깨춤을 추었지요. 죽을 고비를 넘기고 유구국에 표류한 지 벌써 여덟 달이나 지났으니 어찌 기쁘지 않겠습니까.
미소를 띤 채 기뻐하는 이들을 바라보는 역인 이 씨에게 문호겸이 다가왔습니다.
"그동안 정말 고마웠네."
"이제 고향으로 돌아가실 일만 남았네요, 어르신."
문호겸이 역인 이 씨 손을 잡고 연신 고개를 끄덕였습니다. 문호겸은 역인 이 씨를 마주보았습니다. 그 눈빛은 조선 사람으로 태어났지만 다른 나라에서 살아야 하는 역인 이 씨를 조금이나마 위로해 주는 듯 자상했지요.
"순득 아재, 대국에 도착하기만 하면 이제 집에 갈 수 있는 거죠? 그렇죠?"
옥문이는 믿을 수 없다는 듯 몇 번이고 되물었습니다.
"허허, 그래. 우리가 타는 배는 대국 복건성으로 갈 것이다. 워낙 먼 길이라 두 달은 걸린다고 하는구나. 복건성에서 육로

친절한 유구 사람들은 처음 보는 우리에게
물과 먹을 것을 주었어.

유구 시장에서
갖가지 먹거리들을 구경했지.

유구 귀족에게 초대받아 대화도 나눴지.

거북이처럼 느린 류카 공연을 보았어.

유구 배는 엄청나게 컸어.

를 따라 걷다 보면 조선에 도착할 테지."

"아직도 못 믿겠어요. 여기 좀 꼬집어 주시면 안 돼요?"

옥문이가 발그레한 볼을 불쑥 내밀었습니다.

"뭐라? 옛다, 꿈인지 아닌지 한번 맞혀 봐라!"

문순득이 장난스레 꼬집자 옥문이가 볼을 감싸 쥐며 소리쳤습니다.

"아야! 정말 꿈이 아니네요!"

옥문이 때문에 또 한바탕 웃음바다가 되었지요.

마침내 1802년 10월 7일, 아침이 밝았습니다. 청나라 복건성으로 가는 배 세 척이 유구국 항구에 정박해 있는 모습을 보고 문순득과 다섯 사람은 어안이 벙벙해졌지요. 상상했던 것보다 훨씬 크고 우람한 모습에 말을 잃을 정도였습니다. 셀 수 없이 많은 짐꾼들이 청나라로 보내는 공물을 배 두 척에 싣고 있었습니다. 청나라에서 온 표류민들과 유구 관원들, 문순득 일행은 나머지 배 한 척에 탈 것이라고 했지요.

"조선 표류민들은 저쪽 배에 올라타시오!"

관원들 안내에 따라 줄지어 배에 올랐습니다. 갑판은 마치 벌판처럼 넓고 키잡이들이 머무는 망루는 무려 이층으로 되어 있었습니다.

'오호라, 유구국 선박은 저렇군. 키잡이가 여섯 명이나 되고

방향을 알려 주는 지남철을 관리하는 뱃사람도 둘이나 된다니, 역시 큰 배는 남다르군.'

다른 사람들이 배에서 머물 곳을 보러 간 뒤에도 문순득은 갑판 위에 남아 유구국 배를 관찰하느라 정신이 없었습니다. 역인 이 씨가 다가오는 것도 깨닫지 못할 정도였지요.

"여보게, 무슨 생각을 그리하나?"

역인 이 씨를 돌아보자마자 문순득은 눈시울을 붉혔습니다.

"이제 진짜 이별이로군. 자네 덕분에 유구에서 참으로 귀한 나날을 보냈다네."

"허허, 그게 어디 나 때문인가? 다 자네 덕분이지. 나도 자네를 만나서 무척이나 행복했다네."

"그렇게 말해 주니 고마우이."

역인 이 씨와 문순득이 손을 마주잡았습니다.

"부디 조선을 잊지 말고 기억해 주게."

"당연하지. 내 아들딸에게도, 또 손주들, 증손주들에게도 우리가 조선 사람이라는 것을 꼭 일러 줄 것이네."

이윽고 그토록 기다리던 출항 시간이 되었습니다. 문순득 일행은 갑판 난간에 줄지어 서서 역인 이 씨와 유구 관원들에게 손을 흔들었습니다. 뱃고동이 울리고, 커다란 배 세 척이 드넓은 바다를 향해 힘차게 나아갔습니다.

조선 방방곡곡 소식지

류큐 왕국 언어가
훗날 우리나라에서 발견되다!

류큐 왕국이 역사 속으로 사라지다

문순득이 표현한 유구는 한자 말이며, 일본 말로는 '류큐'이다. 류큐는 원래 독립된 왕국이었다. 그러나 메이지 유신으로 근대국가가 된 일본은 1879년에 류큐 왕국을 일본 영토로 만들었다.

일본 정부는 류큐 왕국의 독자적인 언어와 문화를 없애는 정책을 펼쳤다. 특히 류큐 왕국에 속했던 오키나와 사람들이 류큐 말을 사용하지 못하게 하고, 일본 표준말을 사용하도록 강요했다.

『표해시말』에 기록된 류큐 왕국

사라져 가는 류큐 왕국의 언어를 연구하던 학자들은 한국에서 발견된 『표해시말』을 보고 깜짝 놀랐다. 『표해시말』에는 문순득이라는 조선시대 장사꾼이 류큐 왕국에서 보고 들은 문화와 언어가 생생하게 기록되어 있었기 때문이다. 류큐 말의 발음이 한글로 꽤 정확하게 표기되어 있었고, 그 어떤 기록보다 많은 단어가 적혀 있었다.

『표해시말』 속 류큐 말 맛보기

뜻	표해시말 기록	오키나와 방언
월	과치	가치
물	미즤	미지
배	후늬	후니
붓	후듸	후디
평안한가?	간쥬야	간쥬(뜻: 건강)

4장

서양 문화를
처음 만나다

신묘는 30~40칸의 긴 집으로
비할 곳 없이 크고 아름다웠으며
신상을 모셔 놓았다. 신묘 한쪽 꼭대기 앞에
탑을 세우고 탑 꼭대기에 금계를 세워
바람에 따라 머리가 바람이 오는 방향으로
스스로 돌게 하였다.

-『표해시말』중에서

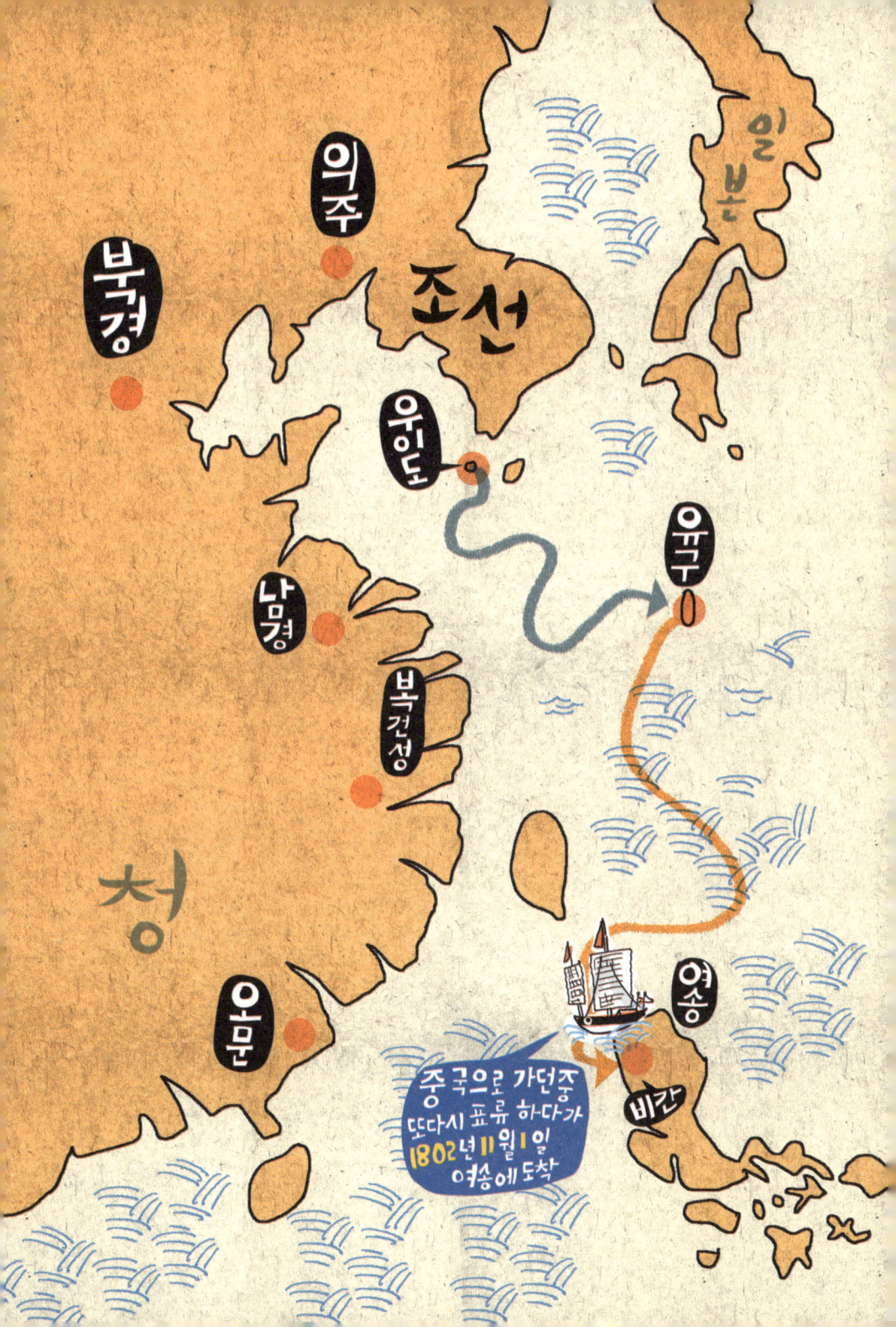

 그 누가 알았을까요? 유구국을 떠난 배가 거센 풍랑에 휩쓸리게 될 줄 말입니다. 그토록 위풍당당하던 유구국 배도 휘몰아치는 파도에는 당해 낼 재간이 없었습니다.

 맥없이 서쪽으로 흘러가며 망망대해를 떠돌던 배는 비로소 어느 낯선 해변에 닿았습니다. 모두들 마실 물이 떨어져 저마다 바짝 마른 입술을 핥아 댈 무렵이었지요.

 "저쪽에 마을이 있는 듯하니 우리가 가서 물을 구해 오겠소."

 유구 관원과 청나라 사람 열다섯 명이 배에서 내렸습니다. 그런데 한밤중이 되어서야 돌아온 그들 중 여섯 사람이 보이지 않는 겁니다.

 "아니, 다른 사람들은 어떻게 된 거요?"

 유구 관원이 묻자 돌아온 이가 울먹이며 말했습니다.

 "육지에서 흰옷을 입은 사람들이 다가오기에 당연히 도와주러 오는 줄 알았는데 다짜고짜 사람들을 끌고 가기에 겨우 도망쳐 왔습니다. 이 나라 사람들은 표류민에게 너그럽지 않은

가 봅니다."

"이 나라라니, 여기가 대체 어디입니까?"

문순득이 놀라며 묻자 유구 사람이 대답했습니다.

"여송이라는 나라입니다."

"아이고, 아이고!"

그 말을 듣자마자 문순득 일행은 모두 쓰러지듯 무릎을 꿇었습니다.

여송은 필리핀 옛 이름으로, 필리핀에서 가장 큰 섬인 루손섬을 한자음으로 표기해 부르던 말입니다. 당시 조선 사람들에게 여송은 낯설기만 한 나라였습니다.

"하늘도 무심하시지, 대체 왜 자꾸만 이런 일이 생긴단 말이냐."

문호겸이 통곡하자 다른 사람들도 북받쳐 오르는 설움을 어쩌지 못해 가슴을 두드렸습니다.

"이렇게 지체할 시간이 없습니다. 빨리 떠나지 않으면 우리까지 붙잡혀 갈 수도 있단 말입니다!"

돌아온 이들이 마음을 졸이며 떼를 쓰는 바람에 유구 관원들은 서둘러 배를 출발시켰습니다. 잡혀간 사람들이 걱정되었지만 어쩔 수 없었지요.

"허나 어디로 가야 한단 말이오? 당장 마실 물도 부족한 데다가 지금 갖고 있는 식량으로는 절대 대국 복건성까지 갈 수 없소."

 유구 관원이 하소연하자 청나라 사람 중 한 명이 의견을 내놓았습니다.

 "여송국 일로미라는 곳에 우리 동포들이 사는 마을이 있다고 들었소. 지남철이 가리키는 방향을 보니 며칠만 더 서쪽으로 가면 될 듯하오."

 일로미로 가는 것 말고는 다른 방도가 없었기에 관원들은 뱃머리를 서쪽으로 향하도록 지시했습니다. 일로미는 오늘날 일로코스라고 불리는 필리핀에 있는 한 도시로, 루손 섬 북쪽 끝에 있습니다.

 마침내 일로미에 도착하니 포구에 청나라 사람 몇 명이 보였습니다. 도움을 청하자 서글서글한 눈매를 가진 채 선생이 다가와 인사를 건넸습니다.

 "어서들 오십시오. 고생 많았습니다."

 일로미에는 복건성에서 온 청나라 사람들이 작은 마을을 이루어 살고 있었습니다. 채 선생은 그곳에서 오래 살았기에 경험도 많고 지혜로워서 마을 사람들에게 존경받는 원로라고 했습니다.

 "우리 마을에 지낼 만한 곳을 마련해 드릴 테니 함께 가시지요."

 모두에게 듣던 중 반가운 소식이 아닐 수 없었습니다. 거센 풍랑에 휩쓸리느라 배가 여기저기 망가져 수리가 필요했기 때문입니다.

허나 배에서 내려 마을로 가는 내내 문순득 일행은 하늘이 무너지는 것만 같은 절망에 빠져 있었지요.

"어찌하면 좋단 말이냐. 이제야 집으로 돌아갈 수 있나 했더니……."

특히 문호겸은 예상치 못한 두 번째 표류에 크나큰 충격을 받은 듯했습니다.

"작은아버지, 너무 걱정하지 마세요. 워낙 크고 튼튼한 배라 망가진 곳만 수리하면 바로 대국으로 갈 수 있다고 합니다. 조금만 기다리면 될 거예요."

애써 문호겸을 위로했지만 문순득도 불안하기는 마찬가지였습니다.

문순득 일행은 청나라 사람들과 함께 널따란 집에서 먹고 자며 며칠을 보냈습니다. 불편한 점이 없지 않았지만 불평을 늘어놓을 상황은 아니었지요. 유구국을 함께 떠났던 다른 배 두 척에 대한 소식을 들은 뒤에는 그저 살아 있다는 것만으로도 감사할 따름이었습니다.

"유구국을 출발한 배 세 척 가운데 한 척은 풍랑에 휩쓸려 산산조각이 나 버렸다고 합니다. 다른 한 척은 바다를 떠돌다 청나라 관할에 있는 섬에 간신히 닿았다고 하고요. 우리도 하마터면 바다 귀신이 될 뻔했습니다."

　유구 관원이 하는 말을 듣자마자 문순득은 머릿속이 아득해지고 울음이 터져 나올 것 같았습니다.

　"천지신명이시여, 배서낭 님이시여! 고맙습니다, 정말 고맙습니다!"

　그날 밤 문순득 일행은 서로 얼싸안으며 눈물을 흘렸습니다. 성난 바다에서 두 번씩이나 목숨을 건졌으니 이제는 굳세게 마음먹고 집으로 돌아갈 생각만 하자고 다짐을 거듭했지요.

　청나라 사람들이 모여 사는 마을은 도자기를 만드는 곳으로 유명했습니다. 그곳에 사는 청나라 사람들 대부분이 도자기를 만들어 시내에 내다 파는 일을 했지요.

　문순득 일행은 채 선생을 따라 도자기 일터를 둘러보기로 했습니다.

　"저것 보세요! 물소가 흙을 섞고 있어요!"

　옥문이 말을 듣고 보니 정말 물소가 빙빙 돌면서 도자기를 만들 흙을 밟아 잘 섞이도록 하고 있었습니다. 털이 새까만 여송 물소는 목이 가느다랗고 눈이 빨갰지요. 힘이 세고 온순해서 농사일뿐만 아니라 무거운 도자기를 옮기는 일도 척척 해낸다고 했습니다.

　무엇보다 눈에 띄는 것은 활처럼 굽어 있는 두껍고 튼튼한

뿔 두 개였습니다. 문호겸은 그 뿔에 대해 잘 알고 있었지요.

"저 뿔이 바로 흑각이다. 활을 만들 때 쓰는 귀한 재료지."

문순득은 고개를 끄덕이며 여송 물소를 자세히 살폈습니다.

유구에서 지낼 때와 마찬가지로 문순득은 여송에서 보이는 모든 것들을 자세히 관찰하는 일을 게을리하지 않았습니다. 어디를 가든 관원들 감시를 받아야 하던 유구에서와 달리 여송에서는 언제든 자유롭게 돌아다닐 수 있었지요. 또 청나라 사람들이 사는 마을을 벗어나 조금만 걸어가면 여송 사람들이 오가는 번화한 시내가 눈앞에 펼쳐졌습니다. 도시 이름은 비간이라고 했습니다.

"세상에나! 저런 건물은 태어나서 처음 보는구나."

문순득은 비간 시내 한복판에서 매우 희한한 건물을 마주했습니다. 으리으리한 건물 모양새에 문순득은 홀랑 마음을 빼앗겼지요.

건물은 깎아지른 듯 높이 솟아 있는 데다가 마흔 칸은 되어 보일 정도로 길고 넓었습니다. 건물 안에는 신으로 모시는 듯한 상이 놓여 있었으며, 사람 형상으로 정교하게 깎은 조각들이 건물 곳곳을 채우고 있었지요. 건물 옆에는 종탑이 있었는데, 종탑 꼭대기에 수탉 상이 달려 있었습니다.

치렁치렁한 검은 옷을 입고 옷깃에 하얀 것을 끼운 서양 사람들이 건물 안팎을 오가는 것도 눈에 띄었지요.

마침 함께 시내에 나갔던 채 선생에게 문순득이 물었습니다.
"저것은 대체 무엇입니까?"
"가톨릭 성당이라오."
"그게 무엇입니까?"
채 선생은 문순득한테 가톨릭이 무엇인지, 성당은 무엇인지 친절하게 설명해 주었습니다.
'듣자 하니 천주학에 대한 이야기 같은데. 그렇다면 저 건물이 천주학을 믿는 자들이 모이는 곳이란 말인가?'

 문순득은 가슴이 철렁 내려앉았습니다. 조선에서는 천주학을 믿기만 해도 처형을 당하는 판국입니다. 아무리 표류 때문에 어쩔 수 없이 이곳에 왔다 해도 천주교 성당을 직접 봤다는 사실이 알려지면 문순득은 물론 나머지 다섯 명도 어떻게 될지 장담할 수 없었습니다.

 문순득은 그곳을 신묘, 즉 조상을 모시는 사당이라 부르기로 했습니다. 청나라 사람들이 사는 마을로 돌아가 처소에 들자 문호겸이 기다렸다는 듯 물었습니다.

"순득아, 아까부터 유구 관원들과 청나라 사람들이 심하게 다투며 언성을 높이고 있다. 대체 왜 그러는지 이유를 좀 알아보면 안 되겠느냐?"

"그래요? 잠깐만 기다려 보세요."

문순득이 다가가 귀를 기울여 보니 여송에 머물면서 드는 비용을 누가 부담할 것인지를 놓고 유구 관원들과 청나라 사람들이 한참 다투고 있던 것이었습니다.

사실 그동안 청나라 표류민들은 소를 잡아먹거나 온갖 맛좋고 귀한 음식을 구해다 먹으며 날마다 잔치하듯이 지냈습니다. 문순득이 생계비가 모자랄까 봐 걱정되어 물으면 이런 대답만 돌아왔지요.

"유구에서처럼 여송에서 다 부담해 줄 텐데 무엇 때문에 그런 걱정을 하시오? 여송에 표류한 사람들이 쓰는 돈이니 당연히 그렇게 해야지요."

청나라 표류민들이 하도 당당하게 답하기에 문순득은 채 선생이나 여송에 사는 청나라 사람들이 이야기해 준 줄 알았습니다. 그런데 알고 보니 그 돈은 모두 유구국에서 부담해야 한다는 사실이 이제야 밝혀진 것입니다.

"이보시오! 어떻게 이럴 수가 있소! 유구국에서 대체 얼마나 더 지원을 해 줘야 합니까? 이렇게 흥청망청 쓰는 돈을 무슨 수로 부담하라고요!"

유구 관원들은 청나라 사람들한테 화를 내며 따져 물었습니다. 하지만 청나라 사람들은 오히려 뻔뻔하게 되물었지요.

"아니, 우리가 여기 데려와 달라고 했소? 당신들이 우리를 여기 오게 했으니 그 정도는 책임져야 하는 거 아니오?"

"뭐요?"

날마다 다투는 유구 관원들과 청나라 사람들 사이에서 여섯 명 밖에 되지 않는 조선 사람인 문순득 일행은 이러지도 저러지도 못한 채 하루하루를 보내야 했습니다. 집에 돌아가고 싶은 마음은 간절했지만 언제 배가 출발할지 알 수 없는 날이 계속되었지요.

1803년 2월 즈음이 되자, 청나라 사람들이 쓴 돈이 은전 600냥어치에 이르렀습니다. 유구 관원들이 더는 참을 수 없다며 울분을 터뜨렸습니다.

"당장 배를 띄워야겠소! 한시라도 지체할 수 없으니 어서 떠날 채비를 하시오!"

청나라 사람들은 눈 하나 깜짝 하지 않고 어깨만 으쓱거렸습니다.

"지금은 바람이 좋지 않소. 복건성으로 가려면 남풍이 불어야 하는데 4월은 되어야 하오. 이런 날씨에 배를 띄웠다가 또 다시 표류하게 되면 어쩌려고 그러오?"

유구 관원들 입장을 생각하면 하루라도 빨리 떠나야 하는 것이 맞지만, 청나라 사람들 말도 일리가 있었습니다. 조금 더 기다렸다가 순풍이 불 때 배를 띄우는 것이 안전하기 때문이었지요. 고향을 떠나 온 지도 벌써 2년이나 지났는데 4월까지 고작 두 달을 기다리는 것은 문순득 일행한테 그리 어려운 일도 아니었습니다.

그러나 유구 관원들은 계속 고집을 부렸습니다. 여송에서 머물며 드는 비용이 더 늘어나면 본국인 유구에서 비난을 받고 처벌을 받을 수도 있기 때문이었습니다. 청나라 사람들과 계속해서 신경전을 벌이던 유구 관원들은 결국 그냥 떠나 버리겠다고 선언했습니다.

"당신들은 알아서 하시오. 우리는 이제 떠날 테니까!"

유구 관원들이 짐을 꾸리자 문순득 일행은 몹시 난감할 따름이었습니다. 한참 고민하던 문순득이 문호겸과 뱃사람들에게 말했습니다.

"이렇게 된 이상 바람이 좋지 않더라도 유구 관원들을 따라 떠날 수밖에 없습니다. 함께 가서 배에 타고 계십시오. 저는 옥문이를 데리고 여기 남아서 청나라 사람들을 설득해 데려가겠습니다. 우리 모두가 배에 타지 않고 여기 남아 있으면 유구 관원들은 우리가 자기들 편이 아니라 청나라 사람들 편이라고 오해할지도 모릅니다."

그렇게 해서 문호겸과 뱃사람 셋은 유구 관원들을 따라 항구로 갔습니다.

문순득은 청나라 사람들한테 사정사정하며 어서 배를 타러 가자고 재촉했지요. 그러나 청나라 사람들은 아직 바람이 좋지 않다며 한사코 거절했습니다.

문순득과 옥문이를 데리러 왔던 유구 관원이 그 모습을 보고는 말없이 나가 버렸습니다. 그러고는 한참이 지나도 아무런 소식이 없었지요.

"아니, 유구 관원들이 왜 아무도 보이지 않는 것입니까? 저희를 데리러 오기로 했는데요."

문순득이 항구에 다녀온 청나라 사람에게 묻자 꿈에도 생각지 못한 대답이 돌아왔습니다.

"아이고, 모르셨소? 배는 이미 출발했다오."

"그게 무슨 말입니까? 그럴 리가 없습니다!"

믿어지지 않았지만 사실이었습니다. 유구 관원들은 아직 문순득과 옥문이가 타지 않았는데도 배를 출항시켰던 것입니다.

그 배가 아니면 언제 어떻게 청나라로 갈 수 있을지 알 수 없었습니다. 말도 잘 통하지 않는 이국에 문순득과 옥문이만 단둘이 남겨진 것입니다. 문순득은 눈앞이 아득해지고 머릿속이 하얘지는 것 같았습니다.

"순득 아재! 어떻게 된 거예요? 우리 이제 집에 못 가는 거예요?"

　옥문이 얼굴은 온통 눈물범벅이 되었습니다.

　"울지 마라, 옥문아. 하늘이 무너져도 솟아날 구멍이 있다고 하질 않니? 어떻게든 고향으로 돌아갈 방법이 있을 게다."

　문순득은 억지로 기운을 짜내 옥문이를 위로했지만 그저 맥없이 주저앉고만 싶어졌습니다.

　한편 배 위에서는 한바탕 난리가 벌어졌습니다.

　"순득아! 옥문아!"

　"참말로 미치고 팔짝 뛰겠네! 사람을 태우지도 않고 출발하는 경우가 어디 있대요!"

아이고~
순득아! 옥문아!

문호겸과 뱃사람들은 점점 멀어지는 항구를 향해 애타게 발을 굴렀습니다.

"이보시오, 잠깐만 항구에 들릅시다. 아직 두 명이 타지 않았소!"

손짓 발짓까지 해 가며 배를 돌리라고 야단을 부렸지만 유구 관원들은 굳은 얼굴로 고개를 가로저을 뿐이었지요.

그렇게 네 사람은 이역만리에서 갖은 고생을 함께하던 문순득과 옥문이를 여송에 남겨 둔 채 머나먼 뱃길에 올라야 했습니다.

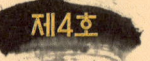

조선 방방곡곡 소식지

옛 필리핀, 여송국에 왜 천주교 성당이 있었을까?

에스파냐가 필리핀을 지배했던 그때 그 시절 속으로

　16세기 초 에스파냐는 전 세계를 무대로 향료 무역을 하고자 필리핀을 식민지로 만들었다. 1521년에 에스파냐 항해가 마젤란이 필리핀 세부 섬에 도착한 것이 시작이었다. 에스파냐는 끊임없이 필리핀을 공격했고, 결국 필리핀은 에스파냐의 지배를 받게 되었다.
　에스파냐는 300년 넘게 필리핀을 지배했고, 서양 문화가 필리핀에 뿌리 깊게 자리 잡았다.

조선 신기록 열전: 문순득 편

조선 최초로 서양 문화를 만나다

1802년에 문순득은 필리핀에 도착했다. 당시 필리핀은 에스파냐한테 지배당한 지 200년이나 된 시점이었다. 문순득은 필리핀에서 서양식 옷차림부터 건물, 그리고 성당을 보고 깜짝 놀랐다. 문순득이 본 성당은 비간의 '세인트폴 대성당'이었다. 세인트폴 대성당은 1790년에 짓기 시작해 1800년에 완성되었다. 문순득은 그렇게 갓 지은 세인트폴 대성당을 마주하며, 역사에 길이 남는 경험을 했다.

세인트폴 대성당 감상평

문순득 신묘는 크고 아름다웠소. 신묘 옆에는 종탑이 있었는데, 종탑 꼭대기에는 수탉 상이 있었소. 수탉 상은 바람의 방향과 세기를 알려 주더구려. 종탑에서 종을 치면 사람들이 신묘로 와서 예배를 드렸소.

5장

여송에서
단둘이 살아남기

면사, 포사를 사서 끈을 꼬아 팔아서
담뱃값과 술값으로 쓰고
옥문은 날마다
땔나무를 베어서 팔았다.

-『표해시말』중에서

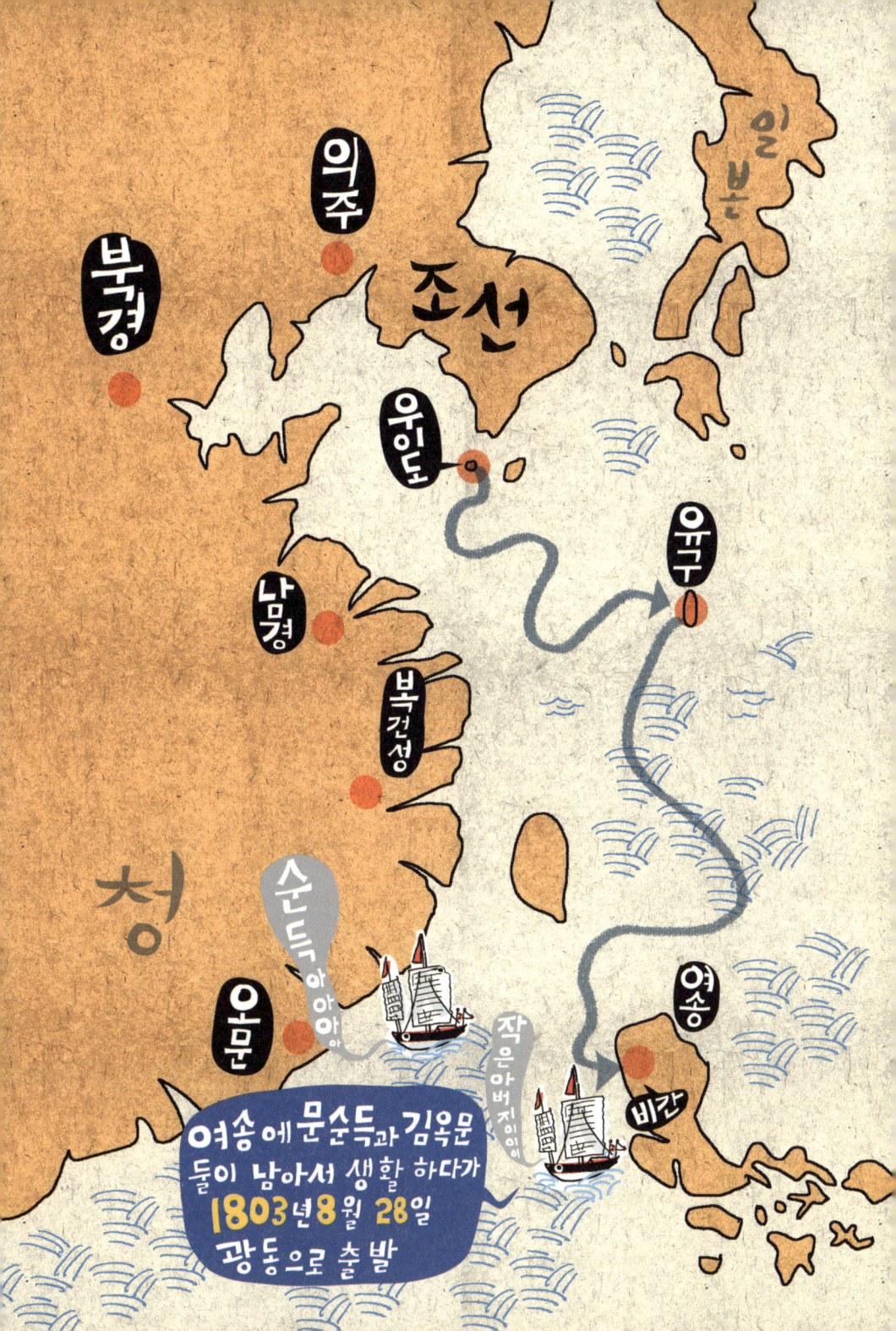

"순득, 안에 있소?"

기운을 잃고 누워 있던 문순득과 옥문이한테 채 선생이 찾아왔습니다. 채 선생은 따뜻한 밥과 반찬을 건네며 말했지요.

"일단 이걸로 끼니라도 해결하시오. 자네 사정이 딱하여 여기저기 알려 도움을 청해 놓았으니 조금만 기다려 보시오."

"고맙습니다, 정말 고맙습니다."

문순득은 터져 나오려는 울음을 꾹꾹 참으며 연거푸 고개를 숙였습니다.

"이런 일이 생겼으니 내가 대신 사과드리리다. 우리 동포들이 그동안 유구 관원들과 워낙 사이가 안 좋았던 터라 해코지라도 당할까 봐 배를 타지 않은 듯하오. 언제가 될지는 알 수 없지만 대국으로 가는 상선이 있으면 가장 먼저 알려드리겠소."

"네, 알겠습니다."

채 선생이 돌아간 뒤 문순득과 옥문이는 꾸역꾸역 밥을 먹었습니다.

문순득은 앞으로 어떻게 헤쳐 나가야 할지 막막하여 한숨만 푹푹 내쉬었습니다. 옥문이는 하도 울어 눈이 퉁퉁 부어 있었지요. 조금만 기다리면 집에 돌아갈 수 있을 줄 알았는데, 왜 자꾸 이런 일이 생기는지 알 수 없었습니다. 그날 밤, 문순득과 옥문이는 거의 뜬 눈으로 밤을 지새우다 새벽에야 까무룩 잠이 들었습니다.

다음 날 아침, 문순득은 달그락달그락하는 소리에 잠에서 깨었습니다.

"순득 아재, 아침 드셔요!"

옥문이가 씩씩하게 소리치며 손에 든 것을 내려놓았습니다. 여송 시장에서 몇 번 보았던 쌀국수였지요. 여주 열매를 가늘고 길게 썰어 식초에 절인 반찬도 맛깔스럽게 곁들여져 있었습니다.

"아니, 이게 웬 음식이냐? 무슨 돈으로 이런 걸 구했어?"

문순득이 놀라 물었습니다. 그뿐이 아니었지요. 움막 옆에는 나뭇가지가 수북이 쌓여 있었습니다.

"아재도 참. 저도 한 사람 몫은 할 수 있는 나이예요. 이깟 나뭇짐이야 눈 감고도 하지요. 이른 아침에 나무를 해다가 시장에다 팔고 음식을 사 왔어요. 어서 드셔요."

옥문이가 하도 대견하여 문순득은 눈시울을 붉혔습니다.

"고맙다, 옥문아. 나는 여송에서 죽을 날만 기다려야 하나 생각했는데 너를 보니 그저 부끄럽기만 하구나."

"그나저나 이 국수 맛이 기가 막힌데 안 드실 건가요? 그럼 제가 다 먹을게요."

"자, 잠깐! 내가 언제 안 먹겠다고 하더냐?"

문순득과 옥문이는 아침 식사를 게 눈 감추듯 해치웠습니다. 나뭇짐을 잘하는 옥문이 덕에 하루하루 먹고살 걱정은 하지 않게 되었습니다. 허나 장차 상선이라도 얻어 타고 고향으로 돌아가려면 여윳돈을 마련해 두어야 했지요. 문순득은 장사꾼답게 무엇을 팔아 장사를 해야 할지 고민하기 시작했습니다.

그날도 문순득과 옥문이는 나무를 팔아 번 돈으로 음식을 사다가 빈터에서 먹고 있었습니다. 근처에서는 여송 사람들이 연을 날리며 즐거운 시간을 보내고 있었지요.

"옥문아, 듣자 하니 대국으로 가는 상선을 타려면 뱃삯도 두둑이 내야 하고 항해하는 동안 음식도 알아서 해 먹어야 한다는구나. 무엇이든 해서 한 푼이라도 벌어야 할 터인데, 어떻게 해야 할지 막막하구나."

옥문이는 문순득 말은 듣는 둥 마는 둥 하고 연날리기하는 아이들을 바라보았습니다.

"에이, 또 끊어졌네!"

옥문이가 중얼거리는 소리를 듣고 문순득도 그쪽을 바라보

앉지요. 연줄이 끊어져 연이 하늘 높이 날아가자 여송 아이가 울음을 터뜨렸습니다.

"보아하니 고작 한 올로 된 가느다란 실로 연줄을 삼았구나. 뭐니 뭐니 해도 연줄은 실을 여러 겹으로 해서 제대로 꼬아야 힘을 받거늘. 저리 부실해서야……. 아니, 잠깐!"

문순득이 무릎을 탁 쳤습니다.

"옥문아! 네가 참으로 복덩이로구나. 방법이 있다, 있어!"

문순득은 그 길로 한달음에 달려가 실을 사 왔습니다. 멀지 않은 곳에 베 짜는 여인들이 모여 사는 마을이 있었는데, 그곳에 가서 무명실과 삼 껍질에서 뽑아낸 실을 사 온 것입니다. 손재주라면 남부럽지 않은 문순득에게 연줄을 꼬는 것만큼 쉬운 일은 없었지요.

"자! 절대로 끊어지지 않는 연줄 팝니다! 싸고 질 좋은 연줄 사세요!"

비간 시내에 나가 큰 소리로 연줄을 팔자 손님들이 하나둘 모여들었습니다. 문순득이 만든 연줄은 인기가 대단했지요.

　문순득은 연줄을 팔아 번 돈으로 담배도 사고 술도 사고, 옥문이가 좋아하는 사탕도 사 주었습니다. 그러고도 돈이 남아 차곡차곡 모을 수 있었지요. 시장에서 장사를 하며 어울리다 보니 제법 친해진 여송 사람들도 생겼습니다.

"이겨라! 이겨라!"
　모처럼 일을 쉬기로 한 날, 문순득과 옥문이는 닭싸움을 구경하러 갔습니다. 고향에서 보던 닭싸움을 여송에서도 볼 수 있다니 꿈만 같았지요. 조금 다른 점이 있다면 여송 싸움닭들은 은으로 만든 발톱을 끼고 싸우며, 자기 닭이 싸움에서 지면 그 사람은 이긴 상대편에게 은 발톱을 주어야만 한다는 것이었습니다.

"순득 아재, 저는요. 고향에 돌아가면 우리 수탉을 꼭 싸움닭으로 훈련시킬 거예요."

옥문이는 닭싸움 구경에 한껏 신이 난 모양인지 기분이 들떠 있었습니다.

"그래, 여송에서 배운 기술로 가르치면 우이도에서 최고로 강한 싸움닭이 될 게다."

문순득이 옥문이 머리를 쓰다듬어 주며 너털웃음을 쳤지요. 그러다가 두 사람은 출출해진 터라 국수를 먹으러 시장으로 향했습니다.

"옥문아, 그동안 땔나무해다 파느라 고생 많았다. 이제 어떤 상선이 출발한다 해도 낼 수 있을 만큼 여윳돈이 든든히 모였단다."

"참말요? 다행이네요! 저보다 순득 아재가 더 고생이셨죠. 날마다 잠도 제대로 못 주무시고 연줄을 만드셨잖아요."

"그러냐? 그럼 다 내 덕으로 하마."

"네? 그런 게 어디 있어요!"

"하하하! 오늘은 기쁜 날이니 한잔 걸쳐야겠다!"

국숫집에 도착해 문순득이 유창한 여송 말로 술을 주문했습니다. 주머니에서 쌈지를 꺼내 입담배까지 꺼내 물었지요.

"이게 누군가? 순득 아닌가?"

여송 상인이 문순득을 보고 반가워하며 다가왔습니다.

"오랜만일세!"

문순득이 아는 척을 하자 여송 상인은 대뜸 문순득 손을 잡아끌어 코를 가져다 댔습니다. 여송 사람들이 인사하는 법이라고 듣기는 했지만 몇 번을 봐도 옥문이한테는 익숙해지지 않는 장면이었지요. 그런데도 문순득은 아무렇지 않은지 태연하게 대화를 나누었습니다.

"하여간 순득 아재는 어디서든 적응을 잘한단 말이야."

혼잣말을 하며 국수가 나오기만 기다리던 옥문이 가슴이 갑자기 두방망이질하기 시작했습니다. 탁자에 국수를 내려놓는 여송 소녀에게 첫눈에 반한 것입니다.

"국수 두 그릇 나왔습니다."

나중에 들으니 그 소녀는 국숫집 딸로 부모님 일을 잠시 돕는 중이라고 했습니다. 옥문이는 제대로 쳐다보지도 못하면서 자꾸만 소녀를 곁눈질했습니다.

"옥문아, 국수 안 먹고 뭘 하느냐?"

문순득이 호통을 치자 옥문이가 깜짝 놀라서 그제야 고개를 돌렸습니다.

"어? 친구분은 가셨어요?"

"아까 가는 것 못 보았느냐? 어째서 양 볼이 불에라도 덴 것처럼 발그레해졌느냐?"

"예? 아, 아무것도 아니에요!"

옥문이는 그릇에 코를 박고 후루룩 국수를 먹었습니다. 그 모습을 본 여송 소녀가 빙그레 웃었지요.

"순득, 우리 어머니가 예순 번째 생신을 맞이하셨어. 내일 우리 집에서 잔치가 열릴 텐데 참석하겠나?"

국숫집 주인이 물었습니다.

"나야 좋지. 옥문이 넌 어떠냐?"

"당연히 좋죠!"

옥문이가 목청이 떨어져라 외쳤습니다.

다음 날, 잔칫집에 도착하자마자 문순득과 옥문이 눈이 휘둥그레졌습니다. 탁자 여러 개를 붙여 기다랗게 만들고 그 위에 직접 짠 보자기를 까는 여자들이 보였습니다. 남자들은 조금 떨어진 곳에 있는 화덕에서 요리를 만들고 밥을 짓느라 한창이었지요.

"어서 와요!"

낯익은 얼굴이 다가와 인사했습니다. 문순득과 옥문이를 잔치에 초대해 준 국숫집 주인이었습니다.

"초대해 주셔서 감사합니다."

"마음껏 먹고 마시면서 즐거운 시간 보내세요. 아, 우리 어머니에게 인사부터 하셔야죠?"

문순득과 옥문이는 국숫집 주인을 따라 잔치 주인공에게 갔습니다. 주름이 자글자글하시만 눈빛만은 반짝반짝 살아 있는 할머니가 화려하게 장식된 의자에 앉아 있었지요.

"예순 번째 생신을 축하드립니다."

문순득과 옥문이가 조선에서 하던 것처럼 큰절을 올리자 여송 사람들이 재미있어하며 박수를 쳤습니다.

"오, 말로만 듣던 조선 사람들이군. 반갑네, 반가워. 오래 살다 보니 특별한 손님도 만나게 되네. 오늘은 내 생일이니까 마음껏 먹어도 돼."

할머니가 유쾌하게 말했습니다.

탁자 위에 먹음직스러운 음식들이 차려지기 시작했습니다. 쇠고기와 돼지고기 요리, 개구리와 비슷한 '하마'에 소금을 뿌려 삶은 요리, 여송 사람들이 '여지'라고 부르는 파파야 절임 등 신기한 요리가 가득했지요. 보기만 해도 침이 꿀꺽 넘어갔습니다. 사람들이 자유롭게 다가와 음식을 집어 먹으며 즐겁게 대화를 나누었습니다. 여송 사람들은 밥상에 앉아 밥을 먹을 때에도 반찬과 밥을 큰 그릇 하나에 담아 가운데에 놓고 다 같이 둘러앉아 손으로 먹었지요. 문순득과 옥문이도 함께 서서 음식을 나눠 먹으며 이야기를 나누었습니다.

"순득, 자네는 이제 여송 사람이라고 해도 믿겠어. 어찌나 자연스러운지, 허허."

"여송에서 지낸 지도 벌써 여덟 달이나 되었는걸요. 그럴 만도 하지요."

주변을 두리번거리던 옥문이 눈이 왕방울만큼 커졌습니다. 국숫집에서 만났던 소녀와 눈이 딱 마주쳤기 때문입니다.

"안녕? 이거 먹을래?"

소녀가 옥문이에게 뭔가를 내밀었습니다. 나뭇잎으로 싼 작은 과일 조각 같은 것이었지요. 옥문이는 이게 뭐냐는 듯 소녀를 바라보았습니다.

"빈랑."

소녀는 다른 조각 하나를 입에 쏙 넣었습니다. 그러고는 질경질경 씹었지요. 옥문이도 따라서 입에 넣어 보았습니다. 처음에는 텁텁한 재를 먹는 듯했는데, 계속 씹다 보니 점점 새콤달콤한 즙이 우러나고 상쾌한 기분이 들었습니다.

그때 음악이 흐르고 사람들이 춤을 추기 시작했습니다. 남녀가 마주 서서 손을 늘어뜨리고 몸을 움직이는 것이 바로 여송춤이었지요.

"나랑 춤출래?"

소녀가 다가와 말을 걸었습니다. 옥문이는 대답도 하지 못하고 우물쭈물 서 있었지요. 소녀는 아쉽다는 표정으로 어깨를 으쓱했습니다. 옥문이가 보일 듯 말 듯 고개를 끄덕였지요. 옥문이와 소녀는 마주 서서 손을 늘어뜨리고 춤을 추었습니다. 꿈만 같은 시간이었습니다.

잔치가 끝나고 집에 돌아오는 길에 문순득은 옥문이를 놀리는 재미에 쏙 빠졌습니다.

"옥문이 네가 여송에서 정인을 만날 줄은 꿈에도 몰랐구나."

"아이참, 그런 거 아니래도요!"

옥문이 얼굴은 여전히 불에 덴 것처럼 발그레했습니다. 소녀를 떠올리기만 해도 자꾸만 웃음이 나는 걸 숨길 수 없었지요.

"세상에나! 옥문아, 저길 좀 보아라."

문순득이 우뚝 멈춰 바다 쪽을 가리켰습니다.

"아!"

환호성이 절로 나올 정도로 아름다운 노을이 하늘을 물들이고 있었습니다. 집에서 얼마나 떨어져 있는지도 모를 낯선 나라에서 이렇게 아름다운 풍경을 보고 있다는 것이 믿기지 않았습니다.

"어떠냐, 옥문아. 집에 돌아가지 말고 여기서 계속 살아 볼 테냐?"

"예?"

"네가 원한다면 두고 가마. 여송에서 정인도 만났으니 그것 또한 해 볼 만한 일이지."

"무슨 말씀이세요! 행여나 저만 두고 혼자 집에 가시면 안 돼요. 아셨죠?"

"글쎄다, 생각 좀 해 보마."

문순득이 껄껄 웃음을 터뜨렸습니다. 옥문이가 결국 울먹이자 문순득은 그제야 농을 친 것이라며 얼렀지요.

한편, 문호겸과 뱃사람들을 태운 배는 청나라 복건성에 무사히 도착했습니다. 청나라에서는 조선 표류민들을 극진히 보살피고 무사히 고향까지 돌아갈 수 있도록 애써 주었지요. 북경에 도착한 문호겸과 뱃사람들은 그곳에서 조선 사신들을 만났습니다.

"우리는 어찌어찌 이곳까지 왔습니다만 아직도 제 조카와 심부름꾼 아이는 여송에 머물고 있습니다. 어떻게든 고향으로 돌아올 수 있도록 애써 주시면 안 되겠습니까?"

문호겸이 사정해 보았지만 조선 사신은 힘없이 고개를 저었습니다.

"쯧쯧. 어쩌다 그런 일이 생겼단 말이오. 허나 여송은 조선과 외교를 하지 않는 나라라 우리도 도울 방법이 없다오."

네 사람은 살아도 산 것 같지 않은 마음으로 먼 길을 걸었습니다. 조선으로 가는 길은 가도 가도 끝이 없는 듯 아득하기만 했습니다.

"순득! 기쁜 소식이 있소."

장사를 마치고 처소에 가자 문 앞에 채 선생이 서 있었습니다. 얼마 뒤에 청나라 광동성에 있는 오문으로 상선 하나가 출발할 예정이라는 소식을 전해 주러 온 것이었지요. 물론 공짜는 아니었습니다.

"그런데 뱃삯은 있소?"

채 선생이 걱정스러운 얼굴로 묻자 문순득이 호탕하게 웃었습니다.

"그럼요. 있고말고요! 허허허허!"

옥문이도 문순득을 따라서 환하게 웃었습니다.

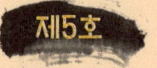

조선 방방곡곡 소식지
제5호

여자와 남자가 평등한 다른 나라의 문화

남녀 평등 탐구생활!

신문고

조선의 남녀유별을 고발하오

　조선은 유교를 나라의 기본 정신으로 삼고 있소. 그런데 유교를 바탕으로 한 조선의 가르침 가운데 '남녀유별'은 문제가 있다고 생각하오. 남자가 하는 일과 여자가 하는 일에 구별이 있다니! 여자는 글공부를 하지 못하고, 집안일만 배워야 하는 것은 옳지 않소. 여자도 함께 능력을 발휘하면 조선이 더 발전하지 않겠소? 이제는 구닥다리 생각을 버렸으면 하오.

고발자: 한 많은 조선 여인

평등 특집 "다른 나라는 어떠한가?"

문순득의 유구국 경험담

하나. 조선과는 다르게 남녀가 한자리에 모여 이야기를 나누었다.

둘. 시장에 앉아서 장사를 하는 것은 모두 여인이었다.

셋. 장례를 치를 때 부인이 앞장섰다.

문순득의 여송국 경험담

하나. 남자가 밥을 지었다.

둘. 밥과 반찬을 각각 커다란 그릇에 담아 가운데에 놓고 남녀가 함께 둘러앉아 먹었다.

셋. 잔칫날 남녀가 손을 잡고 춤을 추었다.

6장

세계 무역 도시에 가다

광동 오문에 닿았다.
오문은 향산현 땅으로 서남 선박이
모두 모이는 곳이다.
여송인과 홍모 서양인 수만 호가 살고 있다.
땅은 좁고 사람은 많아
집 위에다 집을 올리고 있다.

-『표해시말』중에서

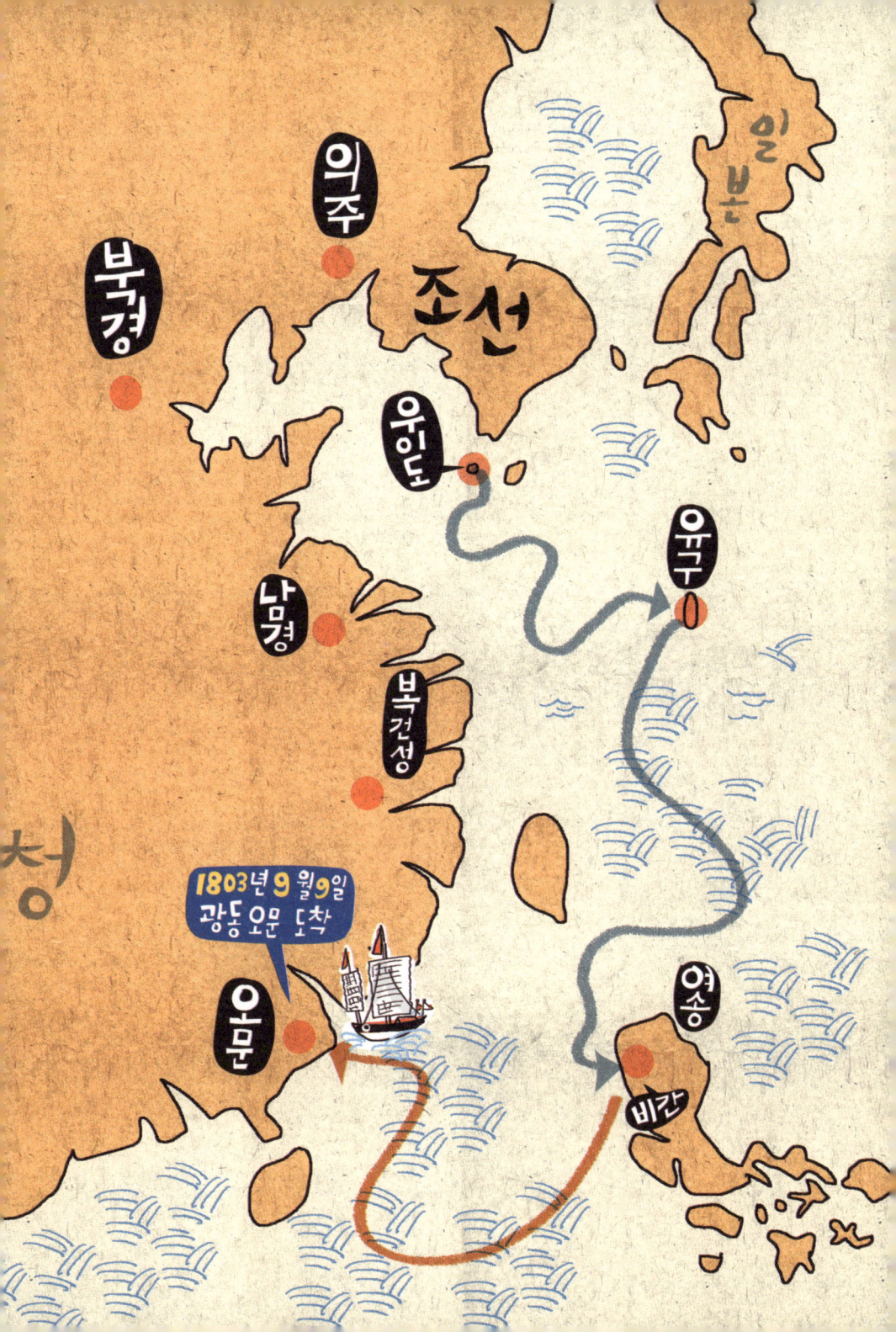

"옥문아! 대체 여기가 어느 나라냐? 청나라가 맞긴 한 게냐?"

오문이 가까워질수록 문순득 눈이 점점 커졌습니다. 옥문이도 마찬가지였지요. 1803년 8월 28일에 여송 항구 도시인 비간을 출발한 상선이 오문에 도착한 것은 9월 9일이었습니다. 알록달록한 깃발을 꽂은 거대한 선박들이 항구에 가득 들어차 있고, 듣도 보도 못한 건축 양식으로 층층이 지어진 건물 수만 채가 눈앞에 펼쳐졌지요. 여송에서 보던 것보다 훨씬 많은 서양인들이 거리를 오가고 있었습니다.

오문은 중국 광동 지역에 있는 항구 도시로 오늘날 마카오라 불리는 곳입니다. 당시에도 마카오를 한자로 바꿔 '막가외'라 부르기도 했지요.

오문은 동양과 서양, 온갖 나라에서 온 배들이 제집처럼 드나드는 국제적인 항구 도시였기에 낯선 건물과 사람이 많을 수밖에 없었습니다. 문순득과 옥문이는 난생처음 보는 풍경에 할 말을 잃었습니다.

오문에는 포르투갈이라는 나라에서 세운 관청 '외리다'가 있었습니다. 문순득과 옥문이가 가장 먼저 불려 간 곳도 바로 외리다였지요.

"당신들은 어느 나라에서 왔다고요?"

역인을 불러왔는데도 말이 통하지 않자 포르투갈 관원은 두 사람을 청나라 관청으로 보냈습니다. 그나마 조선에 대해 알고 있는 청나라 관리를 만나자마자 문순득은 그동안 겪은 일들을 털어놓았지요.

"당신들, 참으로 진기한 경험을 했구려."

청나라 관리는 유구국과 여송국을 거쳐 청나라 오문에까지 다다른 문순득과 옥문이가 표류 이야기를 들려주자 거듭 감탄했습니다.

"우리 대국에서는 조선 표류민들을 허술하게 대접하지 않을 것이오. 무엇이든 필요한 것이 있으면 이야기하시오."

"고맙습니다."

오문에서 머물게 된 집은 무척이나 으리으리했습니다. 먹을 것과 입을 것도 풍족하게 제공되었지요. 또한 청나라 관리는 청나라 여러 도시를 거쳐 조선으로 갈 수 있도록 조치를 취해 주겠다고 했습니다.

"이제 집으로 돌아가는 일만 남았구나. 그동안 고생 많았다, 조금만 더 견뎌 보자."

"네, 순득 아재!"

"그러고 보니 어리기만 하던 옥문이 네가 내년이면 성년이 되는구나."

"예. 이역만리를 떠돌다가 나이만 먹었네요."

"허허, 이 녀석 말하는 것 좀 보게나."

문순득과 옥문이는 아주 오랜만에 한바탕 웃음을 터뜨렸습니다.

장사꾼 문순득에게 오문은 날마다 배우고 관찰해야 할 것들로 가득 찬 도시였습니다. 그중에서도 온갖 나라 장사꾼과 손님이 몰려드는 시장은 배움터로서 으뜸이었지요.

날마다 아침이 되면 문순득은 옥문이와 함께 시장으로 나갔습니다.

"오호! 저런 방법이 있었구나!"

"순득 아재, 뭐가요?"

"장사꾼들이 주고받는 동전을 좀 보거라. 저마다 크기도 다르고, 재질도 다르지 않니? 그런데 환산하는 법은 일정하게 정해져 있어서 은전을 여러 개 모으면 금전 한 닢과 바꿀 수 있게 되어 있단다. 장사꾼들에게 저보다 편리한 방법이 또 어디 있겠느냐?"

눈썰미 좋은 문순득에게 오문에서 사용되는 화폐 제도는 무척이나 획기적으로 여겨졌습니다.

당시 조선 돈은 상평통보 하나뿐이었습니다. 동전 한 가지뿐이니 큰 금액을 거래하기에는 양과 무게가 엄청나 불편하기 짝이 없었지요.

만약 조선에서도 오문에서와 같은 화폐 제도를 쓴다면 무척 편리해질 것이라고 문순득은 생각했습니다. 장사를 하면서 상평통보가 가진 문제점을 누구보다 잘 알고 있었던 문순득에게 다양한 화폐 단위는 신선한 충격으로 다가온 것입니다.

문순득이 오문에 머무는 동안 눈여겨본 것은 화폐뿐이 아니었습니다. 여러 나라 선박이 드나드는 항구였기에 발달된 선박 기술을 직접 목격할 수 있었던 것입니다. 문순득은 배를 타고 바닷길을 오가는 장사꾼이었기에 보고 배우는 것들은 모조리 피가 되고 살이 되는 지식이 되었습니다.

"저것 좀 보아라, 옥문아. 커다란 솥에서 부글부글 끓고 있는 것이 보이느냐?"

"네, 근데 저게 뭔데요?"

"물고기나 짐승에서 뽑은 기름을 끓이는 것이다. 저 기름을 발라 말리면 나무에 물이 차지 않아 오래 가고 잘 부서지지 않는단다. 고향에 돌아가면 나도 꼭 저렇게 해 봐야겠다."

당시 조선에서는 기껏해야 뱃밥이라 부르는 실보무라지를 널빤지 사이에 끼워 물이 스며드는 것을 막을 뿐이었습니다.

먼바다로 나가거나 비라도 내리면 금세 물이 새고 나무도 쉽게 상했지요.

문순득은 꼬박 한 달 동안 빠짐없이 항구에 나가 배에 기름을 먹이는 과정을 관찰했습니다. 외국 뱃사람들은 밀물이 오는 보름달을 피해 반달이 될 때를 이용해 배에 기름을 먹인다는 것을 알게 되었지요.

반달이 되어 해변에 물이 빠지면 배를 비스듬히 눕힌 다음 여러 사람이 달려들어 몇 번이고 반복하여 기름을 칠했습니다.

배에 물이 새지 않도록 배 바깥에 동물 기름 바르기!

신통방통 기억하자!

오문의 화폐 제도
동전 50닢 무게 = 은전 1닢 무게
은전 50닢 무게 = 금전 1닢 무게

　다시 반달이 될 때를 기다렸다가 맞은편에도 같은 방법으로 기름칠을 했지요. 문순득은 종이를 늘 지니고 다니면서 보기 쉽게 그림을 곁들여 새롭고 놀라운 선박 기술을 짤막하게 기록했습니다.

오문은 동서양 온갖 나라 배가 모이는 국제 항구 도시!

오문에 머문 지 석 달 정도가 지난 1803년 12월 7일, 문순득과 옥문이는 드디어 집으로 가는 길에 올랐습니다. 이번에는 바다가 아니라 땅으로 가는 길이라는 것이 전과는 달랐지요. 향산현을 지나 광동부에 도착해 그곳에서 며칠 동안 머물고 있을 때였습니다. 문순득과 옥문이에게 특별한 손님이 찾아왔습니다. 1804년 새해 첫날이었지요.

"자네들에게 손님이 찾아왔네."

청나라 관원이 두 사람을 데리고 들어왔습니다.

"안녕하시오, 우리는 안남 사람입니다. 댁들이 조선에서 왔다고 하니 따져 물을 것이 있어 찾아왔습니다."

안남이란 오늘날 베트남을 말합니다. 문순득과 옥문이에게는 낯선 나라였지요. 문순득이 고개를 끄덕이며 어서 말해 보라고 하자 안남 사람 하나가 입을 열었습니다.

"제가 알기로 여송 사람들이 조선에 표류한 지 몇 년이 지났는데 고향에 돌아오기는커녕 죄수처럼 갇혀 있다고 합니다! 조선은 원래 그럽니까? 대체 왜 그 사람들을 고향에 보내 주질 않는 겁니까?"

안남 사람은 무척 화가 나 있었습니다. 듣자 하니 그 안남 사람들은 무역선을 타고 오문을 오가는 여송 사람들과 짝이 되어 장사를 해 왔다고 했습니다. 그러다 거센 풍랑을 만나 조선 어느 큰 섬에 닿았는데, 여송 사람 다섯이 작은 배에 옮겨 타고 물을 기르러 갔다가 섬사람들한테 해코지를 당했다는 것입니다. 큰 배에 탄 사람들은 자신들도 해코지를 당할까 싶어 서둘러 일본 지역으로 몸을 피했다고 했습니다. 훗날 들어 보니 조선에 표류한 여송 사람 다섯 명이 아직도 고향에 돌아가지 못하고 그곳에 머물고 있다는 것입니다.

문순득은 안남 사람이 무슨 말을 하는지 몰라 어안이 벙벙했지요. 그런데 곰곰 생각해 보니 짚이는 데가 있었습니다. 1801년 우이도를 떠나기 얼마 전에 배 한 척이 제주에 표류했다는 소식을 들은 적이 있었기 때문입니다. 모두 다섯 사람이 배에 타고 있었는데 얼굴은 옻칠을 한 것처럼 검고 언어와 문자가 전혀 통하지 않아 어느 나라 사람인지 아무도 몰라 쩔쩔매고 있다는 이야기였지요.

'설마 그 사람들이 여송 사람들이었단 말인가!'

생각이 그에 미치자 문순득은 억장이 무너지는 것만 같았습니다. 그러고 보니 제주에 표류했다는 사람들 생김새가 여송에서 본 사람들과 너무나 흡사하다는 것을 깨달았습니다. 문순득 일행도 그 여송 사람들과 똑같이 낯선 나라에 표류했지만 유구에서도, 여송에서도 죄수와 같은 취급을 당하지는 않았다는 사실이 떠올라 더욱 안타깝고 부끄러워졌습니다.

"정말 미안합니다. 조선 사람으로서 대신 사과드리고 싶소. 조선에는 여송국을 아는 이가 아무도 없을 거요. 그래서 그 사람들이 여태 조선 땅을 벗어나지 못했을 겁니다."

 문순득은 안남 사람들에게 몇 번이나 고개를 조아리며 사과했습니다.

 "당신이 사과할 일은 아니지만 어쨌든 알겠소. 우리는 그 이야기를 듣고 조선은 무척이나 험악한 나라라고 오해했지 뭐요?"

 문순득은 너무나 부끄러워 진땀을 흘렸습니다. 만약 고향으로 무사히 돌아가면 꼭 그 여송 사람들을 위해 무엇이든 해야겠다고 굳게 결심했지요.

 그해 3월, 문호겸과 박무청, 이백근과 이중원은 그토록 그리워하던 고향 우이도에 닿았습니다. 문순득 일행이 모두 바다에 휩쓸려 죽은 줄 알고 장례를 치러 가짜 묘까지 만들었던 마을 사람들은 살아 돌아온 사람들을 보며 기뻐서 눈물을 흘렸지요.

 "순득이를 제가 챙겼어야 하는데……. 죄송합니다, 형님. 정말 드릴 말씀이 없습니다, 형수님."

 문호겸은 문순득 아버지와 어머니 앞에서 차마 고개를 들지 못했습니다. 문순득 아내는 슬픔을 가누지 못하고 힘없이 쓰러졌지요.

 "옥문아! 어린 네가 이국에서 어찌 버티겠느냐."

남편뿐 아니라 아들까지 잃은 옥문이 어머니 또한 탄식하며 눈물을 쏟아냈습니다. 우이도 사람들 모두 가슴이 저미는 듯 했지요. 그 모습을 정약전도 마음 아프게 지켜보았습니다.
"몇 년이 걸리더라도 좋으니 무사히 돌아오기만 하게나."
　머나먼 바다를 보며 정약전은 조용히 중얼거렸습니다.

제6호

조선 방방곡곡 소식지

실학자 정약용,
장사꾼 문순득의 경험담에
귀를 기울이다 -『경세유표』

전문가 초대석

조선의 화폐 제도는 어떤 문제점이 있는가?

정약용 조선에서 쓰는 동전 '상평통보'를 살펴보면 문제점이 많소. 먼저 상평통보를 만드는 주전소가 너무 여러 군데에 있소. 그러다 보니 동전의 규격과 질이 제각각이오. 또 다른 문제점은 조선 화폐가 상평통보밖에 없다는 것이오. 만약에 비싼 물건을 사려면 어마어마하게 많은 양의 동전으로 거래해야 하니 불편함을 이루 말할 수 없소.

새로운 조선을 꿈꾸며 『경세유표』를 쓰다

『경세유표』는 정약용이 강진에서 유배 생활을 하던 1817년에 쓴 책이다. 정약용은 조선 사회의 낡고 썩은 제도를 새롭게 고치고 싶어 했다. 그런 마음을 담아 행정 기구를 다시 편성하고 다양한 제도를 구상했는데, 그 원리와 방법을 조목조목 정리했다.

장사꾼의 경험이 빛을 발하다

문순득은 장사꾼이었기에 당시 아시아에서 가장 큰 국제 무역 도시인 마카오의 시장을 눈여겨보았다. 마카오에서는 조선처럼 동전 하나만 있지 않고 금전, 은전, 동전으로 나누어 효율적으로 거래를 하였다. 정약전이 기록한 『표해시말』을 통해 알게 된 문순득의 경험을 바탕으로 정약용은 새로운 화폐 제도를 구상했다.

7장

'천초'라는 이름을 가지다

1804년 11월 27일 의주에 도착했다.
1804년 12월 16일 한양에 닿았다.
1805년 1월 8일 집에 도착했다.

-『표해시말』중에서

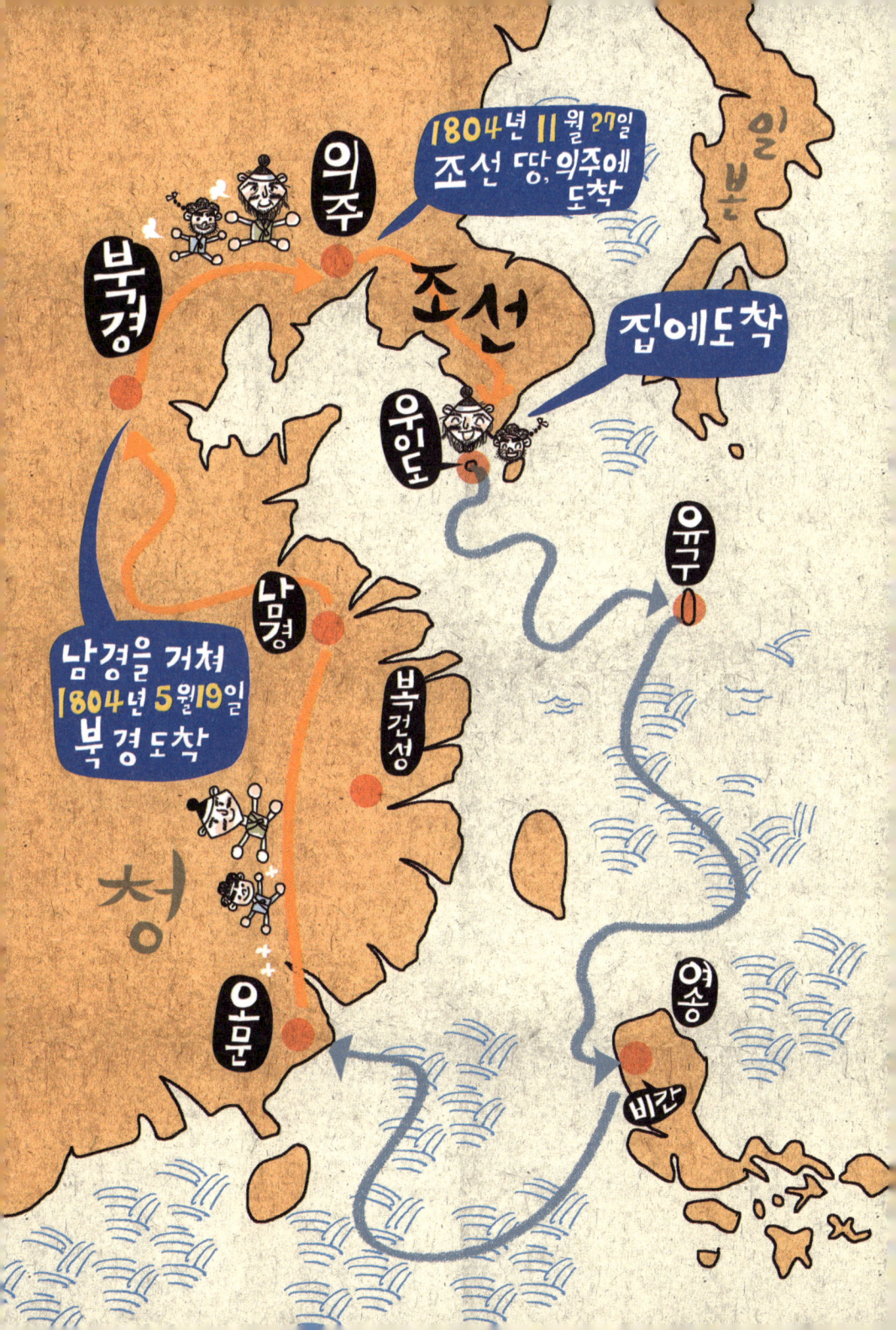

"옥문아, 우리가 드디어 조선 땅을 밟았구나."

시간은 흐르고 흘러 1804년 11월 27일이 되었습니다. 문순득과 옥문이는 남경을 지나 청나라 수도 북경에 도착해 거기서 여섯 달 정도를 머물다 다시 조선을 향해 출발했습니다. 문순득과 옥문이는 조선 땅, 의주에 도착하자마자 눈물을 펑펑 쏟았지요.

"순득 아재! 정말 고생 많으셨어요."

아직 집에 도착하지도 않았지만 조선 땅을 밟았다는 것만으로도 가슴이 벅차올랐습니다.

의주에 있는 조선 관리들 또한 문순득과 옥문이를 무척이나 신기해하며 따뜻한 음식과 좋은 의복을 대접해 주었습니다.

"세상에, 천지신명이 도우신 게지. 그렇지 않고서야 그렇게 오랫동안 타국을 떠돌다가 이렇게 무사히 돌아올 수 있었겠소?"

의주 관리는 맛난 술을 대접하며 문순득 이야기를 듣고는 크게 감탄하였습니다.

"맞습니다. 그렇지 않았다면 저희는 이미 죽은 목숨이었겠지요."

문순득이 고개를 끄덕였지요.

"참, 광동에서 만난 안남 사람들에게 듣자 하니 제주에 어느 나라에서 온지 모르는 사람 여럿이 표류하여 머물고 있다던데 그게 사실입니까?"

"아니, 그건 어떻게 알고 계시오?"

"제가 압니다. 여송 사람들이지요!"

"그 사람들이 여송이라는 나라에서 왔단 말이오? 어디서 왔는지 물어보면 '막가외'만 외친다지 뭐요."

"청나라에서 만난 안남 사람들이 말하기를 그들은 오문과 여송을 오가며 장사를 하던 상인들이라고 합니다. 오문으로만 돌려보내 주어도 된다는 뜻으로 그렇게 말한 것이 아닌가 싶습니다."

"아이고, 그런 사연이 있었군요. 제대로 전해질지는 모르겠으나 내가 그 사실을 꼭 전해 보겠소."

의주 관리가 힘주어 말했습니다.

문순득과 옥문이는 그 길로 한양을 지나 전라도 다경포까지 가서 우이도로 가는 배를 탔습니다. 그리고 1805년 1월 8일, 다경포에서 출발한 배가 일주일 만에 우이도에 닿았지요.

"여보!"

"옥문아!"

두 여인이 울며불며 달려 나왔습니다. 문순득 아내와 옥문이 어머니였지요.

"옥문아! 네가 정녕 옥문이냐? 이게 꿈이야, 생시야?"

"여보, 그동안 얼마나 고생이 많았어요."

옥문이 어머니와 문순득 아내가 어찌나 서럽게 울던지 온 마을이 울음바다가 되었습니다.

문순득과 옥문이도 마찬가지였습니다. 울다가 웃다가 울다가 웃다가 했지요. 한겨울 칼바람이 옷자락을 파고들어도 하나도 춥지 않았습니다. 서너 해 동안 생판 가 본 적도 없는 타국을 떠돌다 고향에 돌아와 그저 마음은 봄날인 듯 따뜻하기만 했지요.

"문순득이 돌아왔다고?"

신도 제대로 꿰어 신지 못한 채 뛰어나온 사람은 바로 정약전이었습니다. 문순득은 정약전을 보고 고개를 숙여 예를 표했지요.

"손암 나리, 그동안 안녕하셨습니까!"

"이게 얼마만인가. 살아 돌아와 주어서 참으로 고맙네."

정약전은 눈물이 글썽해져서 고개를 끄덕였습니다.

"세상에! 그래서 어찌 되었는가?"

정약전이 놀라며 물었습니다.

"아이고, 말도 마십시오. 그땐 아주 죽는 줄만 알았습니다요."

문순득은 바로 어제 겪은 일처럼 생생하게 유구와 여송, 청나라 오문에서 겪은 일들을 신명 나게 늘어놓았지요. 정약전은 문순득 말 한마디에 울고 웃으며 시간 가는 줄 모르고 빠져들었습니다.

"처음 이곳에 유배 왔을 때에는 어쩌다 이런 곳으로 흘러왔을까 싶었네. 그런데 자네 이야기를 들으니 내가 우이도에 온 것이 운명이다 싶으이."

정약전이 술잔을 기울이며 말했습니다.

"나리께서 그렇게 말해 주시니 황송하기만 합니다."

"아닐세. 자네는 누구도 할 수 없는 경험을 하고 돌아온 게야. 만약 나였다고 해도 자네처럼 많은 것을 얻어 오지 못했을 걸세. 자네는 기억력도 비상하지만 참으로 훌륭한 것을 가지고 있네."

"네? 그게 무엇입니까?"

"열린 마음일세."

"열린 마음이요?"

정약전은 고개를 끄덕였습니다.

"자네는 아마 모를 걸세. 조선 선비들이, 학자들이 얼마나 편협하고 옹졸한지. 얼마나 닫힌 마음으로 세상을 살아가며 모든 것을 알고 있는 듯 잘난 척을 하는지 말일세. 백성을 다스린다는 자들이 백성과는 동떨어져 엉뚱한 것만을 좇고 있으니 이 나라가 과연 제대로 설 수 있겠는가!"

정약전은 피를 토하듯 한이 서린 말들을 뱉어 냈습니다.

"아이고, 나리. 저 같은 천한 장사꾼이 뭘 알겠습니까요. 그저 살기 위해 버텼고, 버티는 동안 보고 들은 것을 기억했을 뿐입니다."

문순득이 답하자, 정약전이 갑자기 무릎을 탁 치며 소리쳤습니다.

"옳거니! 내 어찌 그 생각을 못 했을꼬!"

"무슨 말씀이십니까?"

"내 자네 이야기를 받아 적어 책으로 펴내겠네."

"예? 그게 참말입니까?"

"참말이고말고. 자네가 보고 듣고 경험한 모든 것들이 장차 조선 발전에 큰 도움이 될 걸세."

그렇게 해서 정약전은 문순득 이야기를 책으로 쓰기 시작했습니다. 문순득은 시간이 날 때마다 정약전을 찾아가 이야기를 들려주었지요. 정약전은 문순득이 한 경험을 날짜별로 밝혀 적었습니다. 그 뒤에는 유구와 여송이 가진 색다른 문화를 풍속과 주거 환경, 옷차림, 선박, 토산품 등으로 나누어 각각 구분하여 적었지요. 마지막으로 문순득이 기억하고 있던 우리말과 유구 말, 여송 말을 비교하여 112개나 되는 단어를 뜻과 함께 기록하였습니다.

"이 책 제목은 『표해시말』이 어떻겠나?"

"표해시말이요? 그게 무슨 뜻입니까?"

"바다를 표류한 경험을 처음부터 끝까지 적었다는 뜻일세."

"참으로 좋은 제목입니다."

문순득은 자기 이야기가 책으로 만들어졌다는 사실만으로도 크게 감격하여 『표해시말』이라는 제목을 몇 번이고 되뇌었습니다.

"자네에게 새로운 이름을 하나 지어 주고 싶네."

"새로운 이름이요? 손암 나리처럼 원래 이름 대신 부르는 '호' 같은 것 말씀이십니까?"

"잘 알고 있군. 바로 그것일세. 하늘 아래 처음으로 많은 경험을 했다는 뜻에서 '천초'라는 이름이 어떨까 하네."

생각지도 못한 선물에 문순득은 어안이 벙벙해졌습니다.

"저 같은 장사꾼에게 호라니요. 게다가 천초라니, 과분하고 황송합니다."

"아닐세, 천초. 자네에게 딱 어울리는 이름이네. 사양하지 말고 받아 주게나."

문순득은 자기 호를 입안에서 굴려 보았습니다. 왜 그런지 마음속 깊숙이에서 뜨거운 감정이 툭 치고 올라오더니 눈시울이 촉촉해졌지요.

"참말로 고맙습니다, 손암 나리."

"내 이제 자네를 천초라 부르겠네. 허허허!"

정약전이 쓴 『표해시말』은 강진에 유배되어 있던 정약용을 비롯하여 가까운 지역 선비들에게 전해져 커다란 영감을 주었습니다.

그러던 어느 날이었습니다. 정약전이 우이도를 떠나 흑산도로 거처를 옮기기로 마음먹은 것입니다.

그 소식은 문순득뿐만 아니라 우이도 사람들 모두를 놀라게 했습니다. 그동안 정약전은 우이도 사람들한테 정신적 지주와 같았기 때문입니다.

"손암 나리, 어찌된 일입니까."

소식을 듣자마자 문순득이 정약전을 찾아와 물었습니다.

"갑자기 떠나게 되어 미안하네. 언제까지 천초 자네에게 신세를 질 수는 없지 않겠나. 여기보다 좀 더 큰 섬 흑산도로 가서 서당을 차려 생계비를 벌어 볼까 하네."

"그런 말씀 마셔요. 왜 부담을 가지십니까."

문순득이 이해가 되지 않는다는 얼굴로 정약전을 바라보았습니다. 정약전은 그저 고개를 내저었지요.

"아닐세. 자네는 이제껏 충분히 나를 도와주었네. 그리고 무엇보다 바다 생물에 대한 책을 쓰고자 하는데, 흑산도에 가서 깊이 공부해 보려고 하네. 내 마음을 헤아려 주게나."

정약전이 문순득 손을 꼭 잡았습니다. 문순득은 간신히 고개를 주억거리다가 결국 눈물을 떨구었습니다.

"천초, 부디 울지 말게. 자네 경험을 들으며 더 깊이 이야기를 나누고 싶었건만, 아쉽구먼."

"나리를 자주 뵙지 못하게 되어 안타깝고 또 안타까울 따름입니다."

그렇게 정약전은 배를 타고 흑산도로 떠났습니다.

정약전이 흑산도로 떠난 지 2년이 지난 1809년 겨울이었습니다. 천초 문순득은 배를 타고 제주 당포항으로 향했습니다. 올해로 서른세 살이 된 문순득이 먼 뱃길을 따라 제주까지 간 이유는 바로 9년 동안이나 고향에 돌아가지 못하고 있는 여송 사람들을 도와주기 위해서였지요.

사실 조선 사람들이 그 표류민들을 일부러 도와주지 않은 것은 아닙니다. 외모도 낯설고 말도 통하지 않아 어느 나라에서 왔는지 알 수 없기에 도와줄 수 없었던 것이지요.

"대체 어느 나라에서 왔단 말이오?"

아무리 물어도 그 사람들은 고개를 흔들며 '막가외'라는 말만 되풀이할 뿐이라고 했습니다. 글씨를 써 보라고 해도 지렁이가 기어가는 것처럼 가느다란 실 같은 모양만 쓰니 도통 읽을 수가 없었지요.

그 표류민 다섯은 여송 사람들이었습니다. 조선 사람 아무도 여송이라는 나라와 말을 모르니 여송 사람들은 답답하여 가슴을 칠 수밖에 없었지요.

그렇게 여송 사람 다섯은 9년이나 고생을 하며 지내다가 두 사람은 병을 얻어 세상을 떠났습니다. 나머지 셋은 아무런 희망도 없이 하루하루를 보내던 중이었지요. 그런 여송 사람 셋한테 믿지 못할 일이 일어난 것입니다.

"안녕하시오!"

누군가 유창한 여송 말로 인사를 한 것입니다. 여송 사람들은 소스라치게 놀라 그쪽을 쳐다보았지요.

"나 여송 압니다. 여송에 다녀왔습니다. 당신들 여송 사람 맞습니까?"

옷차림은 조선 사람이 틀림없는데도 그 사람은 분명 여송 말을 하고 있었습니다.

"맞습니다! 우리는 여송 사람입니다!"

"오문에 장사를 하러 갔다가 풍랑을 만나 이곳으로 떠내려 왔습니다!"

"제발 우리를 고향으로 보내 주세요!"

여송 사람들은 박수를 치다가 울다가 웃다가를 반복하며 이제껏 고생했던 사연을 구구절절하게 털어놓았습니다. 청나라에서 만났던 안남 사람들 말이 맞았던 것입니다.

문순득은 여송 사람들이 낯선 땅에서 얼마나 외롭고 고달팠을지 짐작이 되어 마음이 아팠습니다.

"제가 도와드리겠습니다. 걱정하지 마십시오. 당신들이 반드시 여송으로 돌아갈 수 있도록 하겠습니다."

문순득 말에 여송 사람들은 기쁘면서도 감격하여 눈물을 펑펑 쏟았습니다.

"참으로 대단하오. 아니 어떻게 여송이라는 나라 말을 그리 유창하게 하오?"

제주 관리가 문순득에게 놀란 눈으로 물었습니다.

"저 또한 저들과 똑같이 낯선 나라를 표류하다 구사일생으로 집에 돌아왔습니다. 죽을 고비를 하도 여러 번 넘겨 나만큼 고생한 사람도 없을 거라고 생각했는데 저들을 보니 나보다 몇 배는 더 힘들었을 것 같네요."

"여하튼 다행이오. 저들이 여송국에서 왔다고 조정에 보고했으니 빠른 시일 내에 고향으로 돌려보낼 수 있을 듯하오."

문순득은 여송에서 지냈던 경험을 누군가를 돕는 데 쓸 수 있다는 것이 한없이 기뻤습니다.

제7호

조선 방방곡곡 소식지

『조선왕조실록』에
최초의 필리핀 통역사로 기록된
문순득

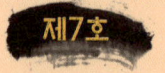

속보

'막가외'라 외치는 사람들이
제주도에 표류해 오다

  1801년에 다른 나라 사람 다섯이 표류해 제주도에 왔다. 처음 듣는 말이라 어느 나라에서 왔는지 아무도 알 수 없었다. '막가외'라는 말만 끊임없이 되풀이했다. 무작정 청나라로 보냈는데, 거기서도 알지 못해 다시 제주도로 오게 되었다. 그러던 중에 한 사람이 죽고, 제주도에서 고생하다가 또 한 사람이 죽어 세 사람만 남았다. 이들은 과연 고향으로 돌아갈 수 있을까?

"표류민들은 여송에서 왔습니다!" 영웅처럼 나타난 통역사

표류하고 돌아온 문순득은 소식을 듣고 제주도로 향했다. 표류민의 생김새와 차림새를 보고 문순득은 여송 사람임을 한눈에 알아차렸다. 자기 나라 말을 하는 문순득을 보고 여송 사람들은 기뻐서 눈물을 흘렸다. 여송 사람들은 문순득 덕분에 9년 만에 고향으로 돌아가게 되었다.

축 경사! 『조선왕조실록』에 장사꾼의 이름이 오르다

"나주 흑산도 사람 문순득이 표류되어 여송국에 들어갔었는데, 그 사람의 형모와 의관을 보고 그들의 방언을 또한 기록하여 가지고 온 것이 있었다. 그런데 표류되어 머물고 있는 사람들이 용모와 복장이 대략 서로 비슷하였으므로, 여송국의 방언으로 문답하니 절절이 들어맞았다."

-『순조실록』 12권 중에서

뒷이야기

세상을 향해 열린 창

"손암 나리, 잘 오셨습니다. 참으로 잘 오셨어요."

배에서 내리는 정약전을 맞이하며 문순득이 눈시울을 붉혔습니다. 흑산도로 이주한 지 8년 만인 1815년, 정약전은 다시 짐을 꾸려 우이도로 건너와 살게 된 것입니다.

"옥문아, 너도 수고 많았다."

배에서 짐을 모두 내린 옥문이에게 정약전이 고맙다는 말을 건넸습니다.

"아닙니다. 손암 나리를 모시게 되어 제가 영광인걸요."

어느덧 건장한 청년이 된 옥문이가 손사래를 쳤습니다. 문순득과 함께 머나먼 길을 떠났다 돌아온 지도 벌써 십 년이 지났습니다. 그동안 옥문이는 꿈에 그리던 뱃사람이 되어 문순득 밑에서 일하고 있었지요. 문순득에게서 흑산도로 정약전을 모시러 가야 한다는 이야기를 듣자마자 옥문이는 꼭 자기가 가겠다고 우겼습니다.

"내가 가도 되는데, 괜찮겠느냐?"

"천초 아재, 손암 나리는 저한테도 특별한 분이거든요?"

"허허, 그래. 그럼 좀 부탁하마."

그리하여 옥문이가 흑산도까지 배를 몰고 다녀온 것이지요. 정약전은 그동안 흑산도에서 살며 온갖 물고기에 대한 정보를 담은 『자산어보』라는 책을 쓰고, 흑산도에 사는 아이들을 모아 학문을 가르치기도 했습니다. 그러다 정약전이 우이도로 오게 된 까닭은 바로 아우 정약용 때문이었습니다.

1814년에 사헌부 장령, 조장한이 의금부에 정약용에게 내려졌던 형벌을 정지시키라고 명했습니다. 이제 곧 정약용이 유배가 풀려 고향으로 돌아갈 것이라는 소문이 삽시간에 퍼졌습니다. 드디어 길고 길었던 14년 귀양이 끝나는 순간이 온 것입니다. 흑산도에 머물던 정약전에게도 이 소식이 전해졌지요.

"내 아우는 유배에서 풀려나자마자 바닷길을 건너 나를 보러 올 것이야. 묻지 않아도 똑똑히 알 수 있는 일이지. 허나 내가 있는 이곳 흑산도까지 오려면 바다를 두 번이나 건너야 할 텐데. 이를 어찌할꼬."

정약전은 조금이라도 육지와 가까운 곳에서 아우를 기다리고 싶었습니다. 처음 유배되어 내려왔을 때 지냈던 우이도에 가 있으면 정약용이 바닷길을 한 번만 건너도 될 것이었습니다. 그러려면 흑산도에 꾸렸던 살림을 정리하고 우이도로 다시 이사를 가는 수밖에 없었지요.

"아무래도 우이도에 가 살며 아우를 기다려야 할 것 같네."

그런데 곧이어 들려온 소식은 정약전 마음을 아프게 했습니다. 정약용과 반대 입장인 관리들이 막아섰고, 결국 정약용은 강진에 그대로 남게 되었다는 소식이었지요.

"참으로 안타깝구나. 어찌하여 이 시대는 다산이라는 걸출한 인재를 이대로 버리려 한단 말인가."

정약전은 슬픔에 젖어 평소 즐겨 마시던 술을 더욱 많이 마시기 시작했습니다. 눈에 띄게 건강이 쇠약해지고 총기도 점점 사라졌지요.

흑산도 사람들은 변해 가는 정약전 모습을 안타깝게 바라보다가 정약전을 하루 빨리 우이도로 보내 아우 정약용이 오는 것을 기다리게 하는 것이 좋겠다고 판단했습니다. 건강이 부쩍 나빠진 정약전이 조금이라도 괜찮을 때 뱃길을 가는 것이 최선이라 여겨졌기 때문입니다. 그렇게 흑산도 사람들 연락을 받고 문순득이 옥문이에게 배를 맡겨 정약전을 모시고 오도록 한 것이지요.

"우이도에 다시 돌아오니 마치 고향에 온 것 같구먼."

정약전이 희미하게 미소를 지으며 우이도를 둘러보았습니다. 낯빛이 어둡고 퉁퉁 부어 있는 얼굴이 영 심상치 않았습니다. 문순득은 가슴이 철렁 내려앉았지만 내색하지 않고 씩씩하게 말했습니다.

"손암 나리, 지내실 곳을 정돈해 두었습니다. 가시지요."

문순득이 정약전을 이끌었습니다. 그 뒤로 문순득은 육지에 나갈 때마다 인삼이나 약초 등 몸에 좋은 것이라면 무엇이든 구해다 정약전에게 가져다주며 돌보았습니다. 그러나 정약전은 도통 건강해지지 않았지요.

"사는 게 고통일 뿐이로구나."

외딴 섬으로 유배 온 지도 벌써 15년이 되어 갔습니다. 정약전 마음속에서 타오르던 불꽃이 조금씩 사그라지고 있었지요.

정약전이 흑산도에서 다시 우이도로 건너온 이듬해 6월이었습니다. 문순득은 정약전이 위독하다는 소식을 듣고 바람같이 달려갔습니다.

"나리! 이게 어찌된 일입니까."

문순득이 애처롭게 외치며 좁은 방에 들어섰습니다. 끊어질 듯 가느다랗게 마지막 숨을 내쉬던 정약전이 가까스로 눈을 떴습니다.

"천초, 순득이. 자네를 만나서 참으로 기뻤다네."

"나리……."

문순득은 말을 잇지 못하고 그저 울음만 삼킬 뿐이었습니다.

"바다로 둘러싸인 섬에 갇혀 옴짝달싹할 수 없던 내게 자네는 세상을 향해 열린 창이었다네. 소중한 친구였고. 고마우이."

정약전이 입술을 달싹거리며 겨우 말을 이었습니다. 문순득은 별안간 일어나 큰절을 올렸지요.

"나리, 저처럼 천한 장사꾼 이야기를 들어 주시고, 그토록 가깝게 대해 주신 나리야말로 참으로 소중한 분이십니다. 부디 조금만 더 버텨 주세요."

1816년 6월 6일, 정약전은 한 많은 삶을 남겨 둔 채 세상을 떠나고 말았습니다.

"손암 나리! 조금만 기다리시면 아우분도 만나실 수 있을 텐데 어찌 벌써 가십니까!"

문순득이 서럽게 외쳤습니다. 우이도 사람 모두 정약전이 세상을 떠난 것을 슬퍼했습니다. 모두 제 일처럼 나서서 장례도 치렀지요. 흑산도 사람들은 물론 정약전을 압송했던 관리들까지 찾아와 통곡하며 꽃가마를 쫓았습니다. 문순득은 상주와도 같은 마음으로 정약전 장례를 도맡아 치렀지요.

그로부터 2년 뒤, 정약전이 간절히 바라던 대로 정약용은 드디어 유배에서 풀려나 고향으로 돌아갔습니다. 안타깝게도 정약용을 비롯한 실학자들이 끊임없이 새로운 변화를 요구했지만, 조선은 마음을 열고 받아 주지 않았습니다. 그래도 실학자들은 마음 깊이 희망을 품고 끝까지 포기하지 않았습니다. 미래 후손들이 살아갈 세상은 지금과 다를 것이라고 굳게 믿었던 것입니다.

"천초 할아버지! 이 궤짝엔 뭐가 들어 있어요?"

일곱 살 손주가 할아버지 방에 놓인 나무 궤짝을 두드리며 물었습니다. 올해 칠순을 맞이한 문순득이 가느다란 숨을 내쉬며 조용조용 말했지요.

"열린 마음이 들어 있단다."

"열린 마음이요?"

"암, 그렇고말고."

"천초 할아버지, 그게 뭔데요?"

건강이 부쩍 나빠진 문순득이 요란하게 기침을 토해 냈습니다. 일곱 살 손주가 그 소리에 화들짝 놀랐지요. 문순득은 미소 지으며 곶감을 하나 꺼내 손주에게 내밀었습니다. 일곱 살 손주가 까르르 웃으며 다가와 곶감을 받아 들었습니다.

"천초 할아버지, 옛날이야기 해 주세요."

"옛날이야기?"

"네. 할아버지가 배 타고 여행 다닌 얘기요."

"배 타고 여행 다닌 얘기라. 어디 보자, 그러니까 말이지. 이 할아비가 스물다섯 살 먹었을 때 일이란다……."

일곱 살 손주는 곶감을 조금씩 깨물어 먹으며 문순득이 들려주는 이야기 속으로 빠져들었습니다.

방 한쪽에 놓여 있는 나무궤짝 안에는 문순득 이야기가 정약전 손으로 적힌 『표해시말』이 잠들어 있었습니다.

'자네는 세상을 향해 열린 창이었다네.'

천초 문순득은 그 말을 곱씹으며 먼 곳 어딘가에 눈길을 주었습니다. 『표해시말』에 담긴 기억을 마음속에 보듬으며 말입니다.

조선 방방곡곡 소식지

제8호

실학자 이강회, 장사꾼 문순득의 경험담에 귀를 기울이다 –『유암총서』

1818년 대화 녹취록

이강회가 우이도에 간 까닭

정약용 강회야, 나는 다시 고향으로 갈 터인데, 너는 앞으로 어찌할 것이냐.

이강회 저는 우이도로 향할 것입니다. 거기서 문순득을 만날 것입니다. 3년 넘게 조선 밖 세상을 보고 왔다 하니 값진 경험을 배워 보려 합니다.

정약용 그래, 조선에 보탬이 되는 지식을 잘 꾸려 보거라.

문순득의 집에서 만들어진 '우리나라 최초의 외국 선박 논문'

이강회는 우이도에 도착하자마자 문순득을 찾았다. 문순득은 이강회를 기쁜 마음으로 맞이했다. 이강회는 문순득의 집에 머물며 문순득에게 외국 선박에 대해 묻고 연구하고 정리했다. 그렇게 「운곡선설」이 완성되었다. 거기서 멈추지 않고 외국의 수레와 조선보다 발전된 기술에도 깊이 관심을 가지며 「거설답객난」과 「제거설」을 썼다. 이강회는 위 세 개의 글과 문순득의 표류 경험을 정약전이 기록한 『표해시말』을 한데 묶어 책으로 엮었다. 자신의 호 '유암'을 붙여 『유암총서』라고 제목을 붙였다.

「운곡선설」 끝부분에 이강회가 남긴 말

"이 글은 문순득의 말에서 나오고 나의 붓에서 이루어졌다."

참고한 책

박석무 『다산 정약용 평전』(민음사, 2014)
박천홍 『악령이 출몰하던 조선의 바다』(현실문화, 2008)
서미경 『홍어 장수 문순득, 조선을 깨우다』(북스토리, 2010)
이덕일 『정약용과 그의 형제들 1, 2』(다산초당, 2012)
주강현 『조선 사람 표류기』(나무를심는사람들, 2013)
최성환 『문순득 표류 연구』(민속원, 2012)
한승원 『흑산도 하늘 길』(문이당, 2005)

조선 최초로 세계 문화를 경험하다
홍어 장수 문순득 표류기

초판 1쇄 2018년 11월 25일 | 초판 2쇄 2020년 11월 5일

글쓴이 이퐁 | 그린이 김윤정 | 감수·추천 최성환
펴낸이 김찬영 | 책임편집 김지현 | 편집 백모란 | 마케팅 김경민 | 펴낸곳 책속물고기
출판등록 제2009-000052호 | 주소 경기도 파주시 문발로 115, 2층 202호 (문발동, 세종출판벤처타운)
전화 02-322-9239(영업) 02-322-9240(편집) | 팩스 02-322-9243
책속물고기 카페 http://cafe.naver.com/bookinfish | 전자메일 bookinfish@naver.com
ISBN 979-11-6327-012-6(73910)

이 도서의 국립중앙도서관 출판예정도서목록(CIP)은 서지정보유통지원시스템
홈페이지(http://seoji.nl.go.kr)와 국가자료공동목록시스템(http://www.nl.go.kr/kolisnet)에서
이용하실 수 있습니다. (CIP제어번호: CIP2018035838)

*이 책의 내용을 쓰고자 할 때는
저작권자와 출판사 양측의 허락을
받아야 합니다.
*잘못된 책은 바꾸어 드립니다.
*값은 뒤표지에 있습니다.

품명 아동 도서	제조일 2020년 11월 5일
사용연령 10세 이상	제조자 책속물고기
제조국 대한민국	연락처 02-322-9239
주소 경기도 파주시 문발로 115, 2층 202호(문발동, 세종출판벤처타운)	
주의사항 종이에 베이거나 긁히지 않도록 조심하세요. 책 모서리가 날카로우니 던지거나 떨어뜨리지 마세요. KC마크는 이 제품이 공통안전기준에 적합하였음을 의미합니다.	

* 이 도서는 한국출판문화산업진흥원 2018년 우수출판콘텐츠 제작 지원 사업 선정작입니다.